不同规模农户经营绩效的比较分析

王新志 著

中国社会科学出版社

图书在版编目(CIP)数据

不同规模农户经营绩效的比较分析 / 王新志著. —北京：中国社会科学出版社，2019.12
ISBN 978-7-5203-5331-1

Ⅰ.①不⋯　Ⅱ.①王⋯　Ⅲ.①农户—经营管理—研究—中国　Ⅳ.①F325.15

中国版本图书馆 CIP 数据核字（2019）第 221638 号

出 版 人	赵剑英
责任编辑	冯春凤
责任校对	张爱华
责任印制	张雪娇

出　　版	中国社会科学出版社
社　　址	北京鼓楼西大街甲 158 号
邮　　编	100720
网　　址	http://www.csspw.cn
发 行 部	010-84083685
门 市 部	010-84029450
经　　销	新华书店及其他书店
印　　刷	北京君升印刷有限公司
装　　订	廊坊市广阳区广增装订厂
版　　次	2019 年 12 月第 1 版
印　　次	2019 年 12 月第 1 次印刷
开　　本	710×1000　1/16
印　　张	12.5
插　　页	2
字　　数	198 千字
定　　价	78.00 元

凡购买中国社会科学出版社图书，如有质量问题请与本社营销中心联系调换
电话：010-84083683
版权所有　侵权必究

摘 要

近些年来，国内外农业发展的环境发生了重大变化，我国农业长期的粗放式发展所累积的深层次矛盾问题开始集中显现，农业生产成本不断抬升，农业生产效率低下，农业发展正在面临着前所未有的严峻挑战，以前那种单纯追求数量、粗放式的农业发展方式已经到了不可持续的地步，必须加快农业发展方式的转变，提高农业生产效率，增强农业的国际竞争力。而走农业适度规模化的发展之路、实现农业生产的最优规模效率是提高我国农业生产效率的重要途径。国内外现有研究或者研究内容过于单一、或者研究方法过于简单，或者研究数据过于宏观，或者微观数据质量不高，对不同规模经营农户的生产效率还缺乏较为系统的、全面的理论分析和实证研究，导致我们无法准确把握和深刻认识我国农业适度规模经营的现状、发展趋势及其演变规律，无法准确确定农业生产的最优经营效率规模，更无法精确制定符合农业规模经济发展规律和我国国情的农业经济政策。

本书在细致梳理国内外学者关于农业规模经营效率的相关研究成果的基础上，首先利用调查问卷所获得的数据深入分析2014年山东省不同经营规模农户的家庭资源禀赋、家庭经营收入情况和小麦生产的成本收益情况，其次利用相关经济理论比较分析不同经营规模农户在组织治理结构、行为动机和行为特征等方面的差异，然后利用DEA模型实证分析不同经营规模农户的农业生产效率，综合分析在当前的农业发展水平下山东省小麦生产的最优经营规模，随后利用 Tobit 模型实证分析影响不同经营规模农户生产效率的因素，最后提出发展适度规模经营、提高农业生产效率的相关政策建议。本研究得出的结论有：

不同经营规模的农户具有不同的经营特征。本书以规模经济理论、生产效率理论以及农户经济理论为指导，深入分析了较小规模经营农户与较大规模经营农户在组织治理结构、行为动机、行为特征等方面的差异。从组织治理结构看，与较小规模农户相比，较大规模农户的分工专业化水平较高，具有一定的市场力量和影响力，因而组织治理效率较高；从行为动机看，较小规模农户的行为动机主要是货币收入最大化，以缓解生产生活社会化带来的现金支出压力，较大规模农户的行为动机是追求利润最大化，能够使生产要素的投入水平达到最佳组合，实现生产要素的优化配置；在行为特征上，与较小规模农户相比，较大规模农户农业专业化经营水平更高，农产品质量意识更高、更加具备合作意识、更需要农业社会化服务和更注重农业产业链的延伸。

不同经营规模农户的生产效率具有较大的差异性。从综合技术效率看，耕种面积在 0 亩～20 亩、20 亩～40 亩、40 亩～60 亩、60 亩～110 亩、110 亩～200 亩和 200 亩以上农户的效率分别为 0.541、0.661、0.556、0.666、0.460 和 0.500；被调查农户的综合技术效率排序为：60 亩～110 亩＞20 亩～40 亩＞40 亩～60 亩＞0 亩～20 亩＞200 亩以上＞110 亩～200 亩。从纯技术效率看，耕种面积在 0 亩～20 亩、20 亩～40 亩、40 亩～60 亩、60 亩～110 亩、110 亩～200 亩和 200 亩以上农户的效率分别为 0.594、0.675、0.607、0.756、0.547 和 0.680；被调查农户的纯技术效率排序为：60 亩～110 亩＞200 亩以上＞20 亩～40 亩＞40 亩～60 亩＞0 亩～20 亩＞110 亩～200 亩，从整体上看较大规模农户的纯技术效率要高于较小规模农户的纯技术效率。从规模效率看，耕种面积在 0 亩～20 亩、20 亩～40 亩、40 亩～60 亩、60 亩～110 亩、110 亩～200 亩和 200 亩以上农户的效率分别为 0.921、0.975、0.906、

0.872、0.842 和 0.752；被调查农户的规模效率排序为：20 亩～40 亩＞0 亩～20 亩＞40 亩～60 亩＞60 亩～110 亩＞110 亩～200 亩＞200 亩以上，从整体上看较小规模农户的规模效率要高于较大规模农户的规模效率。

经营面积在 60 亩～110 亩是当前小麦生产的最优经营规模。本书提出了界定粮食生产最优经营规模的三大标准：农业最优经营规模要能够与家庭成员的劳动生产能力和经营管理能力相适应，农业最优经营规模要能够实现较高的土地产出率、劳动生产率和资源利用率，农业最优经营规模要能够确保经营者获得与当地打工农民（或城镇居民）大体相当的收入水平。从家庭成员的劳动生产能力和经营管理能力标准看，耕种面积在 60 亩～110 亩、110 亩～200 亩和 200 亩以上均能够充分发挥家庭成员的劳动生产能力和经营管理能力；从农业生产效率的标准看，耕种面积在 20 亩～40 亩和 60 亩～110 亩的农户都具有较高的农业生产效率的；从收入的标准看，在短期内耕种面积在 60 亩～110 亩和 110 亩～200 亩农户的人均纯收入与外出打工收入大体相当，在长期内耕种面积在 110 亩～200 亩农户的人均纯收入与城镇居民人均可支配收入大体相当。综合以上数据分析，在当前山东省的农业生产条件下，耕种面积在 60 亩～110 亩是农业的最优经营规模。

农业生产效率显著地受到农户从业经历、经营意识、所拥有的耕地质量和块数等因素的影响。本书利用山东省 2014 年 227 户小麦种植农户的微观调查数据，以农户的生产效率为被解释变量，以农户户主个体特征、农户资源禀赋、外部生产环境和政府扶持政策等变量为解释变量，运用 Tobit 模型实证分析了农户生产效率的影响因素，实证分析结果如下：农户户主的从业经历、经营意识、土地块数变量均通过 1% 的显著性检验，与农业生产效率表现出显著的正相关关系；家庭的劳动力个数、耕地质量以及能否获得政府补贴等变量通过了 5% 的显著性检验，其中耕地质量变量与农业生产效率呈现出正相关关系，劳动力个数、政府补贴等变量与农业生产效率呈现出负相关关系；土地经营规模变量通过了 10% 的显著性检验，与农业生产效率呈现出负相关关系；而农户户主的年龄、受教育程度、培训经历以及是否参加农民合作社等变量对农业生产效率则没有显著的影响。

关键词：农业生产效率；较小规模农户；较大规模农户；农业最优经营规模

Abstract

　　In recent years, great changes have happened in domestic and international agricultural development environment, deep – seated contradictions resulting from accumulation of agricultural long – term extensive development outbreak concentratedly: agricultural production costs continuously increasing, low efficiency of agricultural production and unprecedented serious challenges of agricultural development. Therefore, former extensive mode of agricultural development which sided pursuit of quantity is unsustainable and we must accelerate the transformation of agricultural development mode, improve the efficiency of agricultural production and enhance the international competitiveness of agriculture. And developing appropriate scale and achieving optimal scale efficiency of agriculture production is an important way to improve the efficiency of agricultural production. However, throughout the domestic and foreign existing researches, there are several flaws: some research contents are too monotonous, some research methods are too simple, some research data are too macro, some micro research data quality is not high and existing researches lack comprehensive, systematic theoretical analysis and empirical research, so we cannot profoundly understand China's current situation, development trend and evolution law of appropriate scale management of agriculture, determine the optimal scale of operation efficiency of agricultural production, accurately formulate our country's agricultural economic policies in line with the law of development of agricultural scale and the situation.

Based on the detailed analysis of domestic and foreign relevant research results on the efficiency of agricultural scale operation, firstly this research elaborately analyzes household resource endowment, family income and the cost – benefit of wheat production yield by use of questionnaire data obtained from Shandong Province in 2014; secondly, using the relevant economic theory, this research provides a comparative analysis of governance structure, behavior motivation and behavior characteristics of different scale farmers; thirdly, this research uses DEA model to analyze agricultural production efficiency of different scale farmers and determine the optimal scale of production of wheat in Shandong Province under the current agricultural development level; then uses the Tobit model to analyze the influence factors on the production efficiency of different scale farmers; and finally puts forward several policy and recommendations on the development of appropriate scale of operation and the improve ment of the efficiency of agricultural production. The following are the conclusions of this research.

Farmers with different operating scale have different operating characteristics. With the theory of economies of scale and production efficiency theory and household economic theory as a guide, this book deeply analyzes the differences in governance structure, behavior motivation, behavior characteristics between small scale farmers and large scale farmers. From the prospective of governance structure, large scale farmers have higher specialization level scale, specific market power and influence, so their governance efficiency is higher; From the prospective of behavior motivation, achieving currency income maximization to alleviate the social production and life of cash spending pressures is the main behavior motivation of small scale of farmers, but realizing the optimal allocation of production factors to achieve profit maximization is the behavior motivation of large scale of farmers. From the prospective of behavior characteristics, compared with the small scale farmers, large scale of farmers have higher agricultural specialization management level, higher agriculture quality consciousness, more sense of cooperation, are eager for agricultural social service and focus on agricultural industry chain.

Different scale farmers have different agricultural production efficiency. From the prospective of comprehensive technical efficiency, the efficiency of farmers with 0 ~ 20 mu, 20 ~ 40 mu, 40 ~ 60 mu, 60 ~ 110 mu, 110 ~ 200 mu and more than 200 mu are respectively 0.541, 0.661, 0.556, 0.666, 0.46 and 0.500; From the ordering of comprehensive technical efficiency, farmers with 60 ~ 110 mu > 20 ~ 40 mu > 40 ~ 60 mu > 0 ~ 20 mu > more than 200 mu > 110 ~ 200 mu. From the prospective of pure technical efficiency, the efficiency of farmers with 0 ~ 20 mu, 20 ~ 40 mu, 40 ~ 60 mu, 60 ~ 110 mu, 110 ~ 200 mu and more than 200 mu are respectively 0.594, 0.675, 0.607, 0.756, 0.547 and 0.680; From the ordering of pure technical efficiency, farmers with 60 ~ 110 mu > more than 200 mu > 20 ~ 40 mu > 40 ~ 60 mu > 0 ~ 20 mu > 110 ~ 200 mu; from the whole, the pure technical efficiency of large scale farmers is higher than that of small scale farmers. From the prospective of scale efficiency, the efficiency of farmers with 0 ~ 20 mu, 20 ~ 40 mu, 40 ~ 60 mu, 60 ~ 110 mu, 110 ~ 200 mu and more than 200 mu are respectively 0.921, 0.975, 0.906, 0.872, 0.842 and 0.752; From the ordering of scale efficiency, farmers with 20 ~ 40 mu > 0 ~ 20 mu > 40 ~ 60 mu > 60 ~ 110 mu > 110 ~ 200 mu > more than 200 mu; from the whole, the scale efficiency of small scale farmers is higher than that of large scale farmers.

Farmers with 60 ~ 110 mu is the optimal operating scale of the current wheat production. This book puts forward three criteria of the optimal scale: the optimal agricultural scale should be in conformity with the family members of the labor production capacity and management capacity; the optimal agricultural scale should achieve higher output of land, labor productivity and resource utilization; the optimal agricultural scale should make sure that farmers have almost the same level of income with migrant workers (urban residents). From the criterion of family labor production and management ability, farmers with 60 ~ 110 mu, 110 ~ 200 mu and more than 200 mu can make full use of family labor production and management ability; from the criterion of agricultural production efficiency, farmers with 20 ~ 40 mu and 60 ~ 110 mu have higher agricultural production efficiency. From the criterion of income, in the short term farmers with 60 ~ 110 mu and 110 ~ 200 mu have roughly the same level of income with migrant workers; in the long term farmers with 110 ~ 200 mu have approximately the same level of income with urban residents. Based on the above data analysis, under the current conditions of agricultural production farmers with 60 ~ 110 mu are the optimal operation scale of agriculture.

Agricultural production efficiency is significantly influenced by farmers experience, management consciousness, land quality and the number of plots. With 227 wheat farmers of Shandong Province in 2014 as micro survey data, this book chooses farmers' individual characteristics, farmers resources endowment, external environment and government policies as the explanatory variables, then analyzes the influencing factors of farmers' production efficiency by use of Tobit model. Empirical results are as follows: farmers experience, management consciousness, land quality and the number of plots have passed 1% significant test and have positive correlation with the efficiency of agricultural production; Labor number, land quality and the availability of government subsidies have passed 5% significant test, land quality has positive correlation with the efficiency of agricultural production while labor number and the availability of government show negative correlation relationship with the efficiency of agricultural production; land scale has passed 5% significant test and shows negative correlation relationship with the efficiency of agricultural production; and householder age, level of education, training experience and whether to participate in the farmers' cooperatives have not passed significant test.

Key Words: Agricultural productivity, Small-scale peasant households, Large – scale peasant households, Agricultural optimal operation scale.

目　录

第一章　导论 …………………………………………………（ 1 ）
　第一节　研究背景与意义 ……………………………………（ 1 ）
　第二节　研究方法、数据来源和相关概念阐释 …………（12）
　　一　研究方法 ……………………………………………（12）
　　二　数据来源 ……………………………………………（13）
　　三　相关概念阐释 ………………………………………（14）
　第三节　主要研究内容及技术路线图 ……………………（17）
　　一　主要研究内容 ………………………………………（17）
　　二　技术路线图 …………………………………………（19）
　第四节　本书的创新之处 …………………………………（20）
第二章　国内外相关研究的文献综述 ………………………（21）
　第一节　国外有关农户规模经营效率的文献综述 ………（21）
　　一　关于农户经营规模与农业生产效率呈负相关
　　　　关系的综述 …………………………………………（21）
　　二　关于农户经营规模与农业生产效率呈正相关
　　　　关系的综述 …………………………………………（25）
　第二节　国内有关农户规模经营效率的文献综述 ………（26）
　　一　关于农户规模经营含义研究的综述 ………………（27）
　　二　关于农户经营规模与农业生产效率关系的综述 …（28）
　　三　关于农户经营最优规模测算的综述 ………………（32）
　第三节　文献评述 …………………………………………（35）

第三章 研究的理论基础 （37）

第一节 规模经济理论 （37）
一 古典经济学关于规模经济理论的论述 （37）
二 新古典经济学关于规模经济理论的论述 （39）
三 新制度经济学关于规模经济理论的论述 （40）

第二节 经济效率理论 （42）
一 新古典经济的帕累托效率理论 （43）
二 "X 非效率"理论 （45）
三 新制度经济学的经济效率理论 （47）
四 奥地利学派的"动态效率"理论 （48）

第三节 本章小结 （49）

第四章 不同经营规模农户生产特征的比较分析 （51）

第一节 不同经营规模农户在组织治理结构上的差异 （51）
一 农业生产活动对农业生产组织治理结构的要求 （51）
二 不同经营规模农户在组织治理结构上的共同优势 （53）
三 不同经营规模农户在组织治理结构上的差异 （56）

第二节 不同经营规模农户在经济行为动机上的差异 （63）

第三节 不同经营规模农户在行为特征上的差异 （67）
一 与较小规模农户兼业经营相比，较大规模农户从事农业专业化经营 （67）
二 与较小规模农户相比，较大规模农户农产品质量意识更高 （71）
三 与较小规模农户相比，较大规模农户更加具备合作意识 （74）
四 与较小规模农户相比，较大规模农户更需

要农业社会化服务 …………………………………（77）
　　五　与较小规模农户相比，较大规模农户更注
　　　　重农业产业链的延伸 ……………………………（79）
　第四节　本章小结 ………………………………………（80）
第五章　不同经营规模农户的农业生产情况比较分析 ……（82）
　第一节　不同经营规模农户的基本特征比较分析 ………（84）
　　一　不同经营规模农户的性别分布情况 ………………（84）
　　二　不同经营规模农户的年龄分布情况比较分析 ……（85）
　　三　不同经营规模农户的受教育程度情况比较分
　　　　析 …………………………………………………（88）
　　四　不同经营规模农户的家庭人口和劳动力情况
　　　　比较分析 …………………………………………（90）
　　五　不同经营规模农户的土地经营情况比较分析 ……（93）
　第二节　不同经营规模农户的收入情况比较分析 ………（95）
　　一　不同经营规模农户的家庭平均纯收入比较分
　　　　析 …………………………………………………（96）
　　二　不同经营规模农户的人均纯收入比较分析 ………（96）
　　三　不同经营规模农户的务农纯收入比较分析 ………（97）
　　四　不同经营规模农户的务农人均纯收入比较分
　　　　析 …………………………………………………（98）
　　五　不同经营规模农户的劳均纯收入比较分析 ………（99）
　　六　不同经营规模农户的兼业化率比较分析 ………（100）
　第三节　不同经营规模农户的生产经营情况比较分
　　　　　析 ………………………………………………（101）
　　一　不同经营规模农户的物质投入比较分析 ………（101）
　　二　不同经营规模农户的农业机械使用费用比较
　　　　分析 ………………………………………………（103）
　　三　不同经营规模农户的雇工成本比较分析 ………（104）
　　四　不同经营规模农户的土地租金比较分析 ………（105）

五　不同经营规模农户的成本效益比较分析 ………… (107)
　第四节　本章小结 ……………………………………………… (111)
第六章　不同规模农户经营效率的实证分析 ………………… (113)
　第一节　数据包络分析模型 …………………………………… (113)
　　一　数据包络分析模型（DEA）的发展演变 ………… (113)
　　二　基于规模报酬不变的 CCR 模型 …………………… (114)
　　三　基于规模报酬可变的 BCC 模型 …………………… (116)
　　四　数据包络分析模型的优缺点分析 …………………… (117)
　第二节　不同经营规模农户的生产效率实证分析 …………… (118)
　　一　输出和输入变量的选择 ……………………………… (118)
　　二　实证分析结果 ………………………………………… (119)
　第三节　农业最优经营规模的选择 …………………………… (122)
　　一　农业最优经营规模要与家庭成员的劳动生产
　　　　能力和经营管理能力相适应 ………………………… (124)
　　二　农业最优经营规模要实现较高的土地产出率、
　　　　劳动生产率和资源利用率 …………………………… (125)
　　三　农业最优经营规模要确保农业经营者获得与
　　　　当地打工农民（或城镇居民）大体相当的收
　　　　入水平 ………………………………………………… (127)
　第四节　不同规模农户生产效率的影响因素分析 ……… (128)
　　一　Tobit 模型 …………………………………………… (128)
　　二　理论假设 ……………………………………………… (129)
　　三　模型估计与结果分析 ………………………………… (134)
　　四　主要研究结论 ………………………………………… (138)
第七章　研究结论、研究不足与政策建议 ……………………… (139)
　第一节　本书的研究结论 ……………………………………… (139)
　　一　依靠农业规模经营提高农户收入的任务仍然
　　　　比较艰巨 ……………………………………………… (139)
　　二　不同经营规模的农户具有不同的经营特征 ………… (140)

三　农业生产效率总体上仍然偏低 …………………… (142)

　　四　不同经营规模农户的生产效率具有较大的差
　　　　异性 ………………………………………………… (142)

　　五　经营面积在60亩～110亩是当前小麦生产的
　　　　最优经营规模 ……………………………………… (143)

　　六　农业生产效率显著地受到农户户主从业经历、
　　　　经营意识、所拥有的耕地质量和块数等因素
　　　　的影响 ……………………………………………… (144)

第二节　本书的研究不足与未来研究展望 ……………… (145)

第三节　政策建议 ………………………………………… (146)

　　一　加强农业基础设施建设，提高农业综合生产
　　　　能力 ………………………………………………… (146)

　　二　完善土地流转制度，促进农业适度规模经营 …… (149)

　　三　大力发展农业生产性服务业，提升农业综合
　　　　效益 ………………………………………………… (150)

　　四　促进现代农业产业技术体系升级 ………………… (154)

　　五　积极发展农民土地股份合作社，实现农业适
　　　　度规模经营 ………………………………………… (156)

　　六　加快推动农业发展方式转型升级 ………………… (157)

　　七　以培育现代农业生产经营者为重点，为农业
　　　　发展提供良好的人力支撑 ………………………… (159)

参考文献 …………………………………………………… (163)

附录1　农户粮食生产情况调查问卷 …………………… (176)

后　记 ……………………………………………………… (179)

图表目录

图1—1　技术路线图 …………………………………………（19）

图5—1　不同经营规模农户所占比例 ………………………（84）

图5—2　不同经营规模农户的家庭人口和劳动力情况 ……（92）

图5—3　不同经营规模农户的小麦成本收益图 ……………（112）

表1—1　2013年中美粮食生产成本比较 ……………………（10）

表5—1　不同经营规模农户的个数和所占比例 ……………（83）

表5—2　不同经营规模农户户主性别分布情况 ……………（85）

表5—3　不同经营规模农户的年龄分布情况 ………………（87）

表5—4　不同经营规模农户的年龄分布占比情况 …………（88）

表5—5　不同经营规模农户的受教育程度分布情况 ………（89）

表5—6　不同经营规模农户的受教育程度所占比例 ………（89）

表5—7　不同经营规模的农户家庭人口和劳动力情况 ……（91）

表5—8　不同经营规模农户的家庭人口情况 ………………（92）

表5—9　不同经营规模农户的家庭劳动力情况 ……………（93）

表5—10　不同经营规模农户土地经营情况 …………………（95）

表5—11　不同经营规模农户的家庭收入情况 ………………（100）

表5—12　不同经营规模农户的收入情况比较分析 …………（101）

表5—13　较小规模农户与较大规模农户的亩均投入产出情况 …………………………………………（110）

表5—14　不同经营规模农户的亩均投入产出情况表 ………（111）

表 6—1　2014 年不同经营规模农户的生产效率比较
　　　　分析 ………………………………………（122）
表 6—2　2014 年不同规模农户小麦生产的绩效比较
　　　　分析 ………………………………………（126）
表 6—3　变量的定义、赋值与描述性统计 ……………（133）
表 6—4　变量之间的多重共线性检验 …………………（134）
表 6—5　2014 年不同规模农户生产效率影响因素 Tobit
　　　　模型的估计结果 …………………………（137）

第一章 导　　论

第一节　研究背景与意义

当前，中国农业发展正处于历史上"最好的时代"，同时也正处于历史上"最深层次变革的时代"。

自21世纪初以来，我国农业农村农民政策发生了战略性历史转折，由以往"重城轻乡、重工轻农"的非均衡发展战略向"以工促农、以城带乡"的均衡发展战略转变。自2003年以来党中央国务院连续12年发布了关于"三农问题"的"中央一号文件"，出台了一系列具备较强含金量的惠农强农政策措施，如2006年正式废除了延续长达二千多年的农业税收制度并出台实施了包含粮食直补、良种补贴、农资综合补贴和农机具购置补贴等为重点的农业补贴政策等等。这一系列惠农强农富农政策的贯彻实施极大地调动了广大农民群众农业生产的积极性，产生了十分良好的成效，农业发展也取得了巨大的历史性成就。这表现在以下几个方面：

农业综合生产能力持续增强。（1）粮食产量达到历史最高水平。2014年我国粮食播种面积达到16.91亿亩，比2003年的14.91亿亩增加了2亿亩；粮食单产达到359公斤/亩，比2003年增加70.11公斤/亩，三大粮食作物单产均位于世界先进水平。其中，小麦单产达到349.55公斤/亩，比2003年增加87.42公斤/亩，位居世界第二位；玉米单产达到387.80公斤/亩，比2003年增加66.96公斤/亩，位居世界第三位；水稻单产达到454.05公斤

/亩，比 2003 年增加 50.00 公斤/亩，位居世界第二位。与之相应的是，我国粮食总产量也创历史纪录地实现了"十一连增"，2014 年达到 6.07 亿吨，比 2003 年增加了 1.76 亿吨。① （2）农田水利建设成效显著。21 世纪初以来，各级地方政府以打造"旱能浇、涝能排"的高标准农田建设为重点，对我国农田基础设施建设进行了全面的改造升级，取得了较为显著的成效。截至到 2013 年底，高标准农田面积已经占到全国耕地总面积的 30% 左右，农田有效灌溉面积达到 9.85 亿亩，高效节水灌溉面积达到 2.14 亿亩，极大地增强了我国的农业综合生产能力。②

新型农业经营体系正在逐步完善。（1）新型农业微观经营主体正在重塑。随着工业化、城市化的蓬勃发展和农业劳动力大规模向非农产业转移，农村的经济社会结构已经并继续发生着巨大的历史变革，中国农村社会整体上进入了"制度化的半工半耕的小农经济形态"的结构，农业生产经营主体的兼业化、低质化、高龄化趋势愈发严重，农业生产一线精壮劳动力严重匮乏，大量的老、弱、病、残和妇女已经成为农业生产的主力军。因此，继续创新和完善农业基本经营制度改革，解决未来由谁来务农种粮的重大现实问题已成为确保中国国家粮食安全当务之急。在这种背景下，中国农村基本经营制度开始发生深刻的变革，农业经营主体日益分化，除了传统的小农经营主体外，以农业专业大户、家庭农场、农村土地合作社和工商企业等为代表的多元化新型农业经营主体发展势头强劲，已经成为我国建设现代农业、保障国家粮食安全、主要农产品有效供给和实现乡村振兴战略的重要主体。（2）农业组织化程度显著提高，新型农业经营主体之间的利益联系更加紧密。纵观改革开发以来中国农业的发展历程，农业产业化经营组织形式经历了

---

① 鄢来雄：《2014 公报解读：粮食产量实现"十一连增"》，《中国信息报》2015 年 3 月 10 日。
② 于文静：《水利部：2020 年全国农田有效灌溉面积达到 10 亿亩》，《新华网》2015 年 3 月 22 日。

较长时间的演化过程，最初具有主导性的是"公司+农户"模式。这种组织化模式对于破解农产品"销售困难"的问题，对于促进中国农业产业化经营的发展壮大，曾经发挥了十分重要的作用。然而在现实中，它并不是一种十分理想的农业产业化经营模式，其缺陷主要表现在农业龙头企业与众多分散小规模农户的交易成本太高，农业龙头企业与农户的利益联结机制不够紧密，交易双方均有可能发生机会主义行为，从而导致单方面毁约的机率非常高。为了解决上述难题，"公司+农户"这一组织形式开始发生创新演进，突出表现在新的元素不断被引入到传统组织链当中，逐渐向"公司+大户（家庭农场）+农户""公司+家庭农场""公司+农民合作社+农户（家庭农场）"等形式演化，其中影响较大的是"公司+农民合作社+农户（家庭农场）"形式。与传统的"公司+农户"的相比，"公司+农民合作社+农户（家庭农场）"的模式使农业龙头企业与农户的利益关系更为紧密，具有较大的优越性。这种优势性主要体现在以下两个方面：第一，农业龙头企业通过中介组织——农民合作社来组织管理广大分散的农户（家庭农场），直接降低了农业龙头企业与分散小规模农户的交易成本，有助于规避农业龙头企业和农户的双重机会主义行为，从而有效地降低了农产品交易风险。第二，通过农民合作社为农户（家庭农场）提供多种服务，可以形成"生产在户、服务在社"的新型农业规模经营形态。

农业生产方式发生重大转变。自21世纪初以来，在中央政府强农惠农富农政策的扶持下，我国农业生产方式正在发生重大转变，农业机械装备水平不断改善，农业科技支撑能力持续增强。（1）农业机械化综合水平显著提升。一是农业机械化装备水平全面提升。2014年我国农业机械总动力达到10.76亿千瓦，比2003年增加了4.6亿千瓦，增加了74.67%；水稻插秧机的数量为66万台，是2003年7.8万台的8.46倍；联合收获机的数量为152万台，是2003年45.5万台的3.34倍；大中型拖拉机的数量达到558

万台,是 2003 年 119.7 万台的 4.66 倍;小型拖拉机的数量达到 1757 万台,比 2003 年 1504.7 万台增长了 16.77%。① 从上述数据可以看出,农业机械装备结构正在优化,功能复合型、大型化、高端化成为农业机械装备发展的重点和方向。二是农业机械化生产水平提高加速。2014 年全国农业机械化综合水平达到 61%,比 2003 年的 33% 提高了 28 个百分点,水稻、小麦和玉米三大主要粮食作物耕种农业机械化率均超过 75%,其中小麦生产已经基本实现了全程机械化,水稻耕种收综合机械化率为 74%,玉米机收水平超过 56%。② 农业机械化已经成为推动我国农业农村经济和社会发展的重要力量,为我国粮食生产实现"十二连增"和农民收入保持持续快速增长做出了重要贡献。(2) 农业科技进步持续取得新进展。科学技术是第一生产力,农业科技进步在推动我国由传统农业向现代农业转变、实现农业高质量发展等方面提供了有力的支撑。2015 年我国农业科技进步贡献率超过 56%,农作物重大病虫害防治、主要粮食育作物种和现代农业生物技术均获得重大突破,取得国家农业科技成果奖的农业创新项目达 33 项;农业科技对粮食增产的贡献率达 76.9%,实施测土配方施肥技术的土地面积达到 14 亿亩,良种覆盖率达到 96% 以上。③

新型农业社会化服务体系日益健全。建立健全完善的农业社会化服务体系,为农业产前、产中、产后等环节提供全程覆盖、高效便捷和综合配套的服务已成为现代农业发展的重要支撑。近年来,我国农业社会化服务体系不断完善,公益性服务体系和经营性服务体系相结合,呈现为服务主体多元化、服务内容多层次、供给模式

---

① 王宇:《去年全国农机总动力达 10.76 亿千瓦》,《新华网》2015 年 02 月 19 日。
② 梅岭、王娟娟、古美仪:《农业部毕美家:推进农业机械化,挖掘粮食生产新潜力》,《大智慧财经》2014 年 12 月 5 日。
③ 于文静、王宇:《我国农业科技进步贡献率将超过 56%》,《新华网》2015 年 12 月 27 日。

多形式、服务机制多样化的特点,为促进由传统农业向现代农业的转变发挥着日益重要的作用。例如根据郓城县供销社众邦农业发展有限公司开展的 3 万亩小麦种植托管服务记账资料,土地托管前农民自己种植 1 亩小麦的投入产出情况:犁地 60 元、播种 20 元、种子 60 元、底肥 150 元、追肥 50 元、打药二至三次 40 元、浇水两次 120 元、收割 60 元、用工 5 个 400 元,总计成本为 960 元;亩均产量 1000 斤、价格 1.1 元/斤,每亩收益 1100 元,扣除成本 960 元,每亩纯收益为 140 元。土地托管后农户种植 1 亩小麦的投入产出情况:犁地 50 元、播种 15 元、种子 50 元、肥料 170 元、打药二次 25 元、浇水两次 120 元、收割 50 元、用工 1.5 个 120 元,总计成本为 620 元;按种植优质小麦(每斤价格比普通小麦高出 0.15 元)亩均产量 1000 斤计算,每亩收益 1250 元,扣除成本 620 元,每亩纯收益为 630 元。截至到 2014 年底,我国各类农业产业化经营组织总数达到 35.4 万个,辐射带动种植业生产基地约占全国农作物播种面积的 60%,带动畜禽饲养量占全国的 2/3 以上,带动养殖水面占全国的 80% 以上,辐射带动了 1.24 亿农户从事农业生产,农民户均增收超过 3000 元,其中农业产业化龙头企业 12 万多家,年销售收入达到 7.9 万亿元;[1] 到 2015 年 10 月底,全国已经成立 147.9 万家农民合作社,9997 万户农户加入农民合作社,约占全国农户数的 41.7%,超过 13.5 万家各级示范社,7200 多家农民合作社联合社。[2] 新型农业社会化服务服务体系的发展,为广大农户提供了多元化、多层次、综合性的农业服务,极大地提高了农民的组织化程度,显著地降低了农业生产成本,拓宽了农民的增收渠道。

---

[1] 黎昌政:《我国农业产业化成效显著呈现新特点》,《新华网》2014 年 11 月 2 日。

[2] 李亚新:《147 万家合作社覆盖全国四成农户》,《中国农科新闻网》2015 年 12 月 17 日。

表1—1　农民自己种植与实行土地托管服务的比较分析①

		作物品种			
		小麦	玉米	水稻	地瓜
投入对比（亩/元）	农户自己种植	960	880	860	1450
	实行土地托管规模种植	620	603	610	1090
	节省成本	320	277	250	360
纯收入对比（亩/元）	农户自己种植	1100	330	240	6503
	实行土地托管规模种植	1250	772	655	1310
	增加收入	150	442	415	660

综上所述，我国农业发展已经取得了巨大的成就，但是仍旧不可回避的重大现实问题是，我国以往农业发展的成就是在盲目追求产量数量、粗放式的发展方式下取得的，已经难以满足当前人民群众对农产品日益增长的高质化、高端化、生态化的需求。

一是兼业农户和分散经营问题。我国农业经营主体的兼业化、低质化问题已经比较突出，农业生产一线精壮劳动力严重匮乏，老、弱、病、残和妇女是农业生产的主力军。我国农户承包地平均面积不足8亩，而且每户的地块数至少在2块以上。一家一户的农业小规模兼业经营，不利于农业生产的专业化、标准化、机械化、科技化、信息化、品牌化，难以实现规模经济效应，无法有效降低农业生产经营成本和提高农产品产量，而且不利于小规模农户与农业龙头企业等大规模农业相关利益主体的博弈，农户在进入农产品市场时，交易成本高、风险大、保护自己利益的力量薄弱，无法切实保证自身的经济利益。

二是农业信息碎片化问题。原子化的个体农户的小规模经营，造成了农产品市场信息的细碎化——个体小农户无法准确地把握农产品市场价格信号，往往只能依据当期滞后的市场信息来做出下一

---

① 数据来源：郓城县供销社众邦农业发展有效公司、莒南县供销社恒兴农机专业合作社、荣成市供销社学福地瓜专业合作社。

期的农业生产经营决策，经常会造成农产品价格高涨时一哄而上，农产品价格下降时一哄而散，导致农产品的产量大起大落，放大农产品价格的蛛网效应，农产品价格也随之剧烈波动，严重影响农民的经济收益。如以比较典型的大蒜价格为例，每隔3—5年大蒜价格就要剧烈波动一次，2009—2010年"蒜你狠"一度引起高度关注，其价格疯狂涨价超过100多倍，比猪肉和鸡蛋的价格都高；近些年大蒜价格也发生了大幅波动，2016年11月大蒜批发价格达到11元/公斤，同比涨幅为88%，但是随后大蒜价格呈断崖式下跌的态势，2017年11月价格为3.47元/公斤左右，价格同比相差约三四倍。

三是农业生产生态环境比较脆弱。当前，我国农业资源约束和市场约束日益增强，农业生产面临着耕地面积继续减少、生态环境整体恶化、水资源更加紧缺的严峻挑战。从农业资源禀赋看，人均淡水资源仅占世界平均水平的1/4；人均耕地仅1.2亩，不到世界平均水平的25%，而且耕地数量递减趋势还在继续。目前农业面源污染已经成为中国最大的污染源头，化肥农药的使用量位居世界首位，占世界7%的耕地使用了约30%的化肥农药，利用效率仅为33%。以农药为例，中国早已成为全球农药使用第一大国，全世界约一半的农药用在了中国。年均农药使用量从1996年的114.08万吨，剧增到2014年的180.69万吨，近20年间增加了66.61万吨，增长率达到58.39%。而同时期，英国农药使用量降低了44%，法国降低了38%，日本降低了32%，意大利降低了26%，越南降低了24%。据《科学周刊》测算，2005—2009年美国年均每公顷耕地使用农药2.2公斤，法国为2.9公斤，英国为3公斤，而中国的数字为10.3公斤，约为美国的4.7倍，世界平均水平的2.5倍。[①] 2015年我国水稻、玉米、小麦三大粮食作物的农药利用率仅为36.6%，而欧美发达国家三大粮食作物的农药利用率约为50%—

---

① 数据来自于搜狐财经。

60%，高出中国约 15%—25%。① 农业面源污染对我国农业的可持续发展已经造成了较为严重的威胁，全国耕地土壤点位污染超标率达到 19.4%，大约 80% 的河流和 3/4 的湖泊不同程度地受到氮、磷富营养化的影响。②

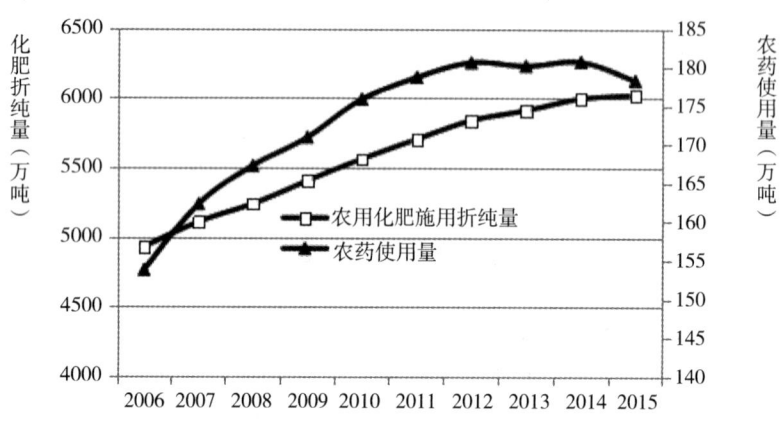

图 1—1　2006 年～2015 年以来农药化肥使用情况

数据来源：国家统计局网站，网址：http://data.stats.gov.cn/easyquery.htm? cn = C01。

四是农产品质量安全问题比较突出。"民以食为天，食以安为先"，农产品安全是全社会共同关心的大事，直接关系到广大人民群众的身体健康和生命安全。近年来，农产品和食品质量安全监管体制尚不完善，农产品安全问题层出不穷屡见不鲜，食品行业在原料供给、收购储运、加工包装及批发零售等环节的安全管理都存在着一些问题，消费者的整体心态是："吃荤的怕激素，吃素的怕毒素，喝饮料怕色素，吃什么心里都没数"。其中"地沟油""毒韭菜""苏丹红""三聚氰胺奶粉"等一连串的农产品安全风波更是

---

① 王克：《中国亩均化肥用量是美国 2.6 倍农药利用率仅为 35%》，《中国经济周刊》2017 年 8 月 29 日。

② 王兴国、王新志、杜志雄：《家庭农场施药行为的影响因素分析》，《东岳论丛》2018 年第 3 期。

一次次向消费者心理承受能力和社会道德底线发起恶意挑战，使得消费者对农产品生产和市场信任度急剧下降，对农产品安全表现出前所未有的大规模集体恐慌。严重的农产品安全信任危机，一方面导致消费者的心理非常异常脆弱，稍有风吹草动，便风声鹤唳，消费者的信心遭到进一步打击，长此以往会造成恶性循环；另一方面，也将会产生辐射效应，触发其它一系列危机蔓延，对整个社会的信任度造成严重冲击，引发了经济活动中高额的交易费用，更加严重的将会破坏经济和社会生活的基本秩序和运行基础。[①]

近些年来，国内外农业发展的环境发生了转折性的改变，我国农业长期的粗放式发展所累积的深层次矛盾问题开始集中显现，农业生产成本不断抬升，严重地阻碍了农业生产效率的提升，农业生产效益持续下降，农业发展正在面临着前所未有的严峻挑战。从表1—2可以看出，在稻谷、小麦和玉米三大主要粮食作物中，2013年中国每100斤稻谷的生产总成本为122.02元，要比美国高出39.46%，中国每100斤小麦的生产总成本为122.18元，要比美国高出33.98%，中国每100斤玉米的生产总成本为83.51元，要比美国高出58.98%；从人工成本看，中国每100斤稻谷的人工成本为51.87元，要比美国高出737.11%，中国每100斤小麦的人工成本为45.92元，要比美国高出702.95%，中国每100斤玉米的人工成本为46.66元，要比美国高出2084.71%。

在粮食国内外价格倒挂的大背景下，我国农业经济发展出现了前所未有的奇特现象：粮食产量、进口量和库存量"三量齐增"。2014年我国粮食产量已经实现了"十一连增"，总产量高达1.21万亿斤；在粮食产量创造历史性新高的基础上，国内粮食库存也达到了创纪录的高点，每年库存增加8个百分点，2006年至2015年

[①] 郭春、王新志：《强化农产品安全重塑消费者信心的对策研究》，《东岳论丛》2012年第10期。

表1—2　　　　　　　2013年中美粮食生产成本比较分析

	生产总成本（单位：元/100斤）		
	稻谷	小麦	玉米
中国	122.02	122.18	83.51
美国	87.50	91.20	52.53
中国比美国高（%）	39.46	33.98	58.98
	人工成本（单位：元/100斤）		
	稻谷	小麦	玉米
中国	51.87	45.92	46.66
美国	6.20	5.72	2.14
中国比美国高（%）	737.11	702.95	2084.71
	土地成本（单位：元/100斤）		
	稻谷	小麦	玉米
中国	20.49	20.55	20.18
美国	18.16	18.62	13.02
中国比美国高（%）	12.82	10.36	55.01
	物质费用等成本（单位：元/100斤）		
	稻谷	小麦	玉米
中国	49.67	55.71	16.67
美国	63.14	66.86	37.38
中国比美国高（%）	-21.34	-16.67	-55.39

资料来源：《全国农产品成本收益资料汇编》(2014)

新增库存达0.52万亿斤，[①] 几乎达到每年粮食总产量的43%。以玉米产量为例，2015年全国玉米总产量达到4491.6亿斤，总需求量大约在3500亿斤，当年玉米产量供过于求达到1000亿斤左右，而国内储备玉米总量已经达到5200亿斤。上述数据充分说明从总量上来讲我国已经不缺粮食，粮食市场整体上处于供大于求的态

---

① 臧云鹏：《国粮入库洋粮入市"现象当警惕》，《人民网》2016年01月19日。

势，但是在国内粮食已经大量剩余的情况下，我国粮食进口量却出现了快速的增长，据海关数据显示，在2014年粮食进口1.06亿吨的基础上，2015年1月~10月，粮食进口量达到1.02亿吨，同比增长了43.3%；以玉米为例，2009年我国玉米进口总量仅为8.4万吨，而2015年玉米进口量就已经达到了473万吨，是2009年的近60倍，同比增长了82.0%。

当前，我国粮食的"三量齐增"已经造成了较为严重的影响，2015年8月份以来，小麦、玉米、水稻三大主要粮食市场价格陆续出现了不同程度的下跌，其中玉米价格甚至出现了断崖式下跌，下降幅度高达30%，而且这种下降的趋势还将在一段时间内持续。据2015年10月《华夏时报》对我国粮食主要生产区的调查，吉林长春湿玉米平均价格为0.6元/斤，同比降低30%；山东济宁晾晒玉米平均价格为1元/斤，同比下降20%。从整体上看，我国农业生产正在处于不断抬升的农业生产成本"地板价"和不断走低的国际价格"天花板"的双重挤压，农民从事农业生产持续增收的空间越来越狭窄，严重影响了我国农业发展的稳定性和可持续性。由此可见，我国人多地少、农业后备资源稀缺的独特国情，注定了以前那种单纯追求数量、粗放式的农业发展方式已经到了不可持续的地步，必须加快农业发展方式的转变，提高农业生产效率，实现农业高质量发展，全面增强农业的国际竞争力。从现代农业发展的国际经验看，提高我国农业生产效率的关键点在于要走农业适度规模化的发展之路，实现农业生产的最优规模效率。一直以来，许多学者已经围绕农业的适度规模经营问题进行了深入研究，特别是近些年来随着我国工业化和城镇化进程的持续推进，农业专业大户、家庭农场、农民合作社等新型农业规模经营主体面临着良好的发展机遇，正处于蓬勃快发展的阶段，为我们的研究提供了大量可以观察的案例和数据资料。但是，从整体上看，以前的研究较少涉及到这些较大规模新型经营主体与一般较小规模农户在组织治理结构、行为动机、行为特征等方面的差异，也较少从不同经营规模的微观经营主体的视角探讨农业的最优生产效率规模。现有研究在这些方面研究的不充分，将导致我们无法准确把握和深刻认识我国农业适度规模经营的现状、发展趋势及其演变规律，无法准确确定农业生产的最优经营效率规模，更无法精确制定符合农业规模经济发展规律和我国国情的农业经济政策，以提升我国农业的生产效率，提高农业国际竞争力。

由此，在上述背景下，本书的创新价值在于从理论上建立一个统一的分析框架深入分析了较小规模经营农户与较大规模经营农户在组织治理结构、行为动机、行为特征等方面的差异，利用数据包络分析软件（DEA）分析了不同规模农业经营主体在农业生产效率上的差异，探讨了我国农业生产特别是粮食生产的最优经营规模范围，利用Tobit模型分析了影响不同规模经营主体生产效率的主要制约因素，探索了适合我国国情的农业经营适度规模化的发展之路。同时，通过本书的研究，还将有助于破解我国未来农业经营主体的稳定性和持续性难题，有助于我国构建集约化、专业化、组织化、社会化相结合的新型农业经营体系，为各级政府制定适度规模经营的农业政策提供理论依据；也有利于推动我国农村土地的流转、现代职业农民的培育和优化农业现代生产要素的投入，对促进我国由"粗放型"的传统农业向"集约型"的现代农业转变、加快推进农业供给侧结构性改革、早日实现乡村全面振兴有着十分重要的现实意义。

第二节 研究方法、数据来源和相关概念阐释

一 研究方法

（一）文献分析方法。本书系统而全面梳理了国内外学者大量的关于"规模经济""经济效率""农户土地规模经营效率"等研究成果，在对上述研究成果进行深入比较分析的基础上，厘清了本书研究的基点、起点和整体思路，从而有助于本书对于"不同经

营规模农户经营绩效"的理论模型和分析框架的构建。

（二）实地调研与问卷调查相结合的方法。为了更加准确地把握不同经营规模农户农业生产的基本情况，笔者先后在山东省济南、临沂、德州、威海、潍坊、青岛、东营、滨州、泰安、济宁等市以及浙江、上海、江苏、四川、山西、吉林等省市对不同经营规模农户的生产经营行为进行了实地专题调研，与他们进行了面对面的访谈，对不同经营规模农户农业生产情况已经有了较为深入的了解；在实地专题调研的基础上，笔者还设计了关于"2014年不同经营规模农户的农业生产情况调查"的问卷，委托山东师范大学公共事业管理学院的20名学生以及聊城市东阿县村民赵娟于2015年寒假回农村期间在山东省范围内对不同经营规模农户的农业生产情况进行了问卷调查，获得了大量一手的数据调查资料。

（三）理论分析与实证分析相结合的方法。本书以规模经济理论、生产效率理论以及农户经济理论为指导，深入分析了较小经营规模农户与较大经营规模农户在组织治理结构、经济行为动机、行为特征等方面的差异；在上述理论分析的基础上，本书利用调查问卷所搜集的一书数据，利用数据包络分析模型（DEA 模型）对不同经营规模农户的生产效率进行了实证分析，并利用 Tobit 模型对影响不同经营规模农户生产效率的因素进行了计量分析，以得出更具解释力和说服力的政策建议。

（四）比较分析方法。本书在调查问卷的基础上，对较小规模农户与较大规模农户在户主特征、家庭资源禀赋、农业收入以及农业生产成本等方面进行了较为详尽的比较分析，为探讨山东省小麦生产的最优经营规模奠定了坚实的基础。

二　数据来源

在正式进行本书的问卷调查之前，本研究已经于2014年9月～10月间对部分农户进行了预调查，并根据预调查过程中所发现的一些问题对调查问卷进行了修正，以方便被调查农户和调查人员能够准确清晰地理解调查问卷中每个问题所要调查的要点。本书的数据来源于以下两个部分：一是笔者在山东师范大学公共事业管理学院精心挑选了20名学生，他们均来自于山东省各个地市的农村地区，对农村发展、农民生活、农业生产等情况有着十分深刻的了解体会，能够深入农村、深入农户，同时他们都具备一定的经济学和管理学相关知识，能够较为容易理解调查问卷中设置的问题；首先笔者于2014年12月把这20名参与问卷调查的学生召集起来进行调查问卷的专门培训，培训的重点是让学生们熟悉问卷调查的方法和技巧以获得尽可能真实的数据资料，同时让学生们熟悉调查问卷的内容，笔者就调查问卷的内容对参与调研的同学逐项进行了详细的解释，特别强调了那些可能产生歧义的问题，并专门建立了QQ群、微信群以方便同学们在调查过程中发现问题时进行及时的沟通处理，然后委托这20名学生于寒假回家期间对其村庄周边的农户进行实地问卷调查，共发放调查问卷200份；二是按照上述程序培训了聊城市东阿县村民赵娟，委托她对其村周边的农户进行问卷调查，共发放调查问卷30份。为了对比分析不同经营规模农户的农业生产经营情况，本研究特别要求调查员们必须按照"50亩以下农户"和"50亩以上农户"按照1∶1的比例进行问卷调查。等调查问卷全部回收之后，笔者对每份调查问卷的内容进行了仔细的审查，对调查问卷中可能存在疑问的地方，与被调查农户进行了及时有效的电话沟通交流，以核实调查数据的真实性和可靠性。本研究共发放调查问卷230份，收回有效问卷227份，有效率达到98.6%。

三 相关概念阐释

（一）农户经济

农户作为我国千百年来农业生产的最基本的经济单元，是指以家庭成员为主从事农业生产经营活动的一种社会经济组织，从某种程度上讲可以将其与农民家庭的概念通用。美国经济学家Bardhan and udry（1999）提出了在市场完善条件下标准的农户经济理论模型：假设在一个拥有两个家庭成员的农户中，家庭成员从消费和闲暇中获取效用，则整个家庭在预算约束的条件下效用最大化的公式为：

MaxU (c_1, c_2, l_1, l_2)

其中，c_1、c_2 分别为家庭成员 1 和家庭成员 2 的消费，l_1、l_2 分别为家庭成员 1 和家庭成员 2 的闲暇，整个家庭在预算约束的条件下利润最大化的公式为：

$\pi^*(L, A) = MaxF(L, A) - w_1 L_1^f - w_2 L_2^f - w_3 L^d - r_A$

其中，π^* 为最大化利润，$F(L, A)$ 为农业收入，$w_1 L_1^f$、$w_2 L_2^f$ 为自有劳动支出，$w_3 L^d$ 为雇佣劳动支出，r_A 为土地租金支出。

（二）农业适度规模经营

适度规模经营是在一定的适合的环境和适合的社会经济条件下，各生产要素（土地、劳动力、资金、设备、经营管理、信息等）的最优组合和有效运行，取得最佳的经济效益。因土地是农业生产不可替代的生产资料，故农业规模经营在很大程度上指土地规模经营。综观世界各国农业发展的实践，按照农业经营规模的大小可以把农业生产模式分为以下三种：一是大规模农业经营模式，主要以美国、加拿大等国家为代表。比如美国农民人均耕地规模较大，户均耕地面积在 2625 亩，农民人均年纯收入 13.6 万元，农业生产力、机械化水平高，属于典型的资本集约型农业发展方式。二是中等规模农业经营模式，主要以德国、法国等国家为代表。比如法国农民人均耕地规模适中，户均耕地面积为 735 亩，农民年人均纯收入 12.3 万元，农业生产力、机械化水平较高，走的是资本和土地兼顾的农业发展方式。三是小规模农业经营模式，主要以中国、日本、韩国等东亚国家为代表。比如中国农民人均耕地规模较小，户均耕地面积在 8 亩，农民人均年纯收入为 9892 元，农业生产效率一般，属于典型的土地集约型农业发展方式。从整体上看，农业经营规模越大，农民收入越高，农业生产力水平越高，因此提高农业经营规模是我国农业发展的必由之路。随着我国城镇化和工业化的快速发展，我国农村基本经营制度开始发生深刻变革，农业经营主体开始发生急剧分化，除了传统小规模经营主体外，以农业专业大户、家庭农场、农民土地合作社和工商企业等为代表的新型规模化农业经营主体发展势头强劲，已经成为中国建设现代农业、保障国家粮食安全和主要农产品有效供给的重要主体。截至2012年底，我国共有家庭农场87.7万个，经营耕地面积达到1.76亿亩，占全国承包耕地面积的13.4%，平均经营规模达到200.2亩；① 农民合作社转入的土地面积达到3055万亩，占到全国耕地流转总面积的13.4%；流入工商企业的耕地面积为2800万亩，占流转总面积的比例也已达到10.3%，且呈现快速上升势头。②

（三）农业生产效率

生产效率是指固定投入量下，制程的实际产出与最大产出两者间的比率，可反映出达成最大产出、预定目标或是最佳营运服务的程度，亦可衡量经济个体在产出量、成本、收入，或是利润等目标下的绩效。一般来说，要想提高农业产出主要有两种方法：一是增加农业生产的要素投入，二是促进农业生产要素使用效率的提高。在过去的几十年间我国农业增长的源泉主要来自于农业生产要素的投入，然而资源要素是稀缺和有限的，单一依靠农业资源要素的无限投入来促进农业增长是不可行的，农业增长的最终源泉来自于农业生产要素使用效率的提高。农业生产效率又可以分为单要素生产效率和全要素生产效率，单要素生产效率是指增加单一农业生产要素所带来的生产效率的增长，比如用劳动所计量的生产效率被称为劳动生产率，用土地所计量的生产效率被称为土地产出率等等；全

---

① 红韬：《全国家庭农场达87.7万个，平均经营规模超过200亩》，《人民网》2013年6月4日。

② 姜小鱼：《资本炒作农村土地流转系改革的本意？》，《中国经营网》2014年1月14日。

要素生产效率是由诺贝尔经济学奖获得者罗伯特·索洛（Robert M. Solow）于 1956 年提出来的概念，也被称为"索洛余值"，是衡量单位总投入的总产量的生产率指标，全要素生产效率来源于资源配置效率的提高、组织制度创新、技术进步、人力资本积累、专业化分工、规模经济等等。农业生产效率的计算方法主要分为参数法和非参数法两种，参数法主要包括随机前沿生产函数分析方法，非参数法主要包括数据包络分析方法。

（四）小麦生产

小麦是小麦系植物的统称，属于单子叶植物，是一种在世界各地广泛种植的禾本科植物，小麦的颖果是人类的主食之一，磨成面粉后可制作面包、馒头、饼干、面条等食物；发酵后可制成酒精、啤酒、白酒（如伏特加）或生质燃料。小麦富含淀粉、蛋白质、脂肪、矿物质、钙、铁、硫胺素、核黄素、烟酸、维生素 A 及维生素 C 等。

小麦是当前我国三大粮食作物之一，分为冬小麦和春小麦两种，在山东省种植的大部分都是冬小麦，生长期为 240 天左右，播种收获的时间跨越年度，一般为当年的 10 月份种植，次年的 6 月份左右收获。小麦是山东省第一大粮食作物，在该省种植面积达到 5500 万亩左右，总产量自 2003 年以来已经实现了"十三连增"，年产量达到 450 亿斤左右，大约占到山东省粮食总产量的 50%，全国小麦总产量的 20%，平均亩产达到 807 斤左右。山东省小麦机械化已经达到了相当高的水平，2015 年农业机械化率为 98%。

第三节 主要研究内容及技术路线图

一 主要研究内容

本书共分为七章，具体内容安排如下：

第一章是导论。本章主要介绍本书研究的背景及意义，提出研究的主要方法、数据来源、主要内容，制定研究的技术路线图，以及本书可能存在的创新之处。

第二章是国内外相关研究的文献综述，分为三个部分。第一部分对国外关于农业规模经营效率的文献进行了综述，重点综述了农业生产中"农户经营规模与农业生产效率的负相关关系的存在性"问题；第二部分对国内关于农业规模经营效率的文献进行了综述，重点综述了农户规模经营含义的研究、农户经营规模与农业生产效率关系的研究、农户经营最优规模测算的研究等内容；第三部分对上述国内外农业规模经营效率的文献进行了述评。

第三章是本书研究的理论基础。本章主要介绍了规模经济理论和生产效率理论，在规模经济理论中重点介绍了古典经济学的规模经济理论、新古典经济学的规模经济理论和新制度经济学的规模经济理论，在生产效率理论中重点介绍了帕累托效率理论、"X非效率"理论、新制度经济学的经济效率理论和奥地利学派的"动态效率"理论。

第四章是对不同经营规模农户生产特征的比较分析。本章分为三个部分，第一部分主要介绍了不同经营规模农户在组织治理结构上的差异，重点是从内部治理效率和外部治理效率分析了较小规模农户与较大规模农户在组织治理结构上的差异；第二部分主要介绍了不同经营规模农户在行为动机上的差异；第三部分主要介绍了不同经营规模农户在行为特征上的差异，重点是从专业化经营、农产品质量安全意识、农业生产的合作意识和农业社会化服务的需求等方面探讨了较小规模农户与较大规模农户在行为特征上的差异。

第五章是对不同经营规模农户农业生产情况的比较分析。本章也分为三个部分，第一部分主要对调查问卷中不同经营规模农户的家庭资源禀赋情况进行了比较分析，重点是分析了不同规模农户的性别分布情况、年龄分布情况、受教育程度情况、家庭劳动力情况、土地经营面积情况等；第二部分主要对不同经营规模农户的经营收入情况进行了比较分析，重点是比较分析了不同经营规模农户的家庭年均纯收入情况、人均纯收入情况、务农纯收入情况、务农人均纯收入情况、劳均纯收入情况和兼业化率情况等；第三部分主要是以小麦为例对不同经营规模农户的经营收益情况进行了比较分析，重点是对不同经营规模农户的成本收益情况进行了比较分析。

第六章是不同规模农户经营效率的实证分析。本章分为四个部分，第一部分主要介绍了数据包络分析模型（DEA 模型）及其优缺点分析；第二部分利用数据包络分析模型对不同经营规模农户的生产效率进行了实证分析；第三部分在实证分析的基础上，探讨了农业最优经营规模的选择；第四部分利用 Tobit 模型对影响不同经营规模农户生产绩效的因素进行了计量分析。

第七章是研究结论及政策建议。在上述研究的基础上，对本书的不足之处进行了总结分析，并提出了促进我国农业规模经营、提高农业生产效率的政策建议。

二 技术路线图

基于以上的主要研究内容，本书的技术路线图如图 1—1。

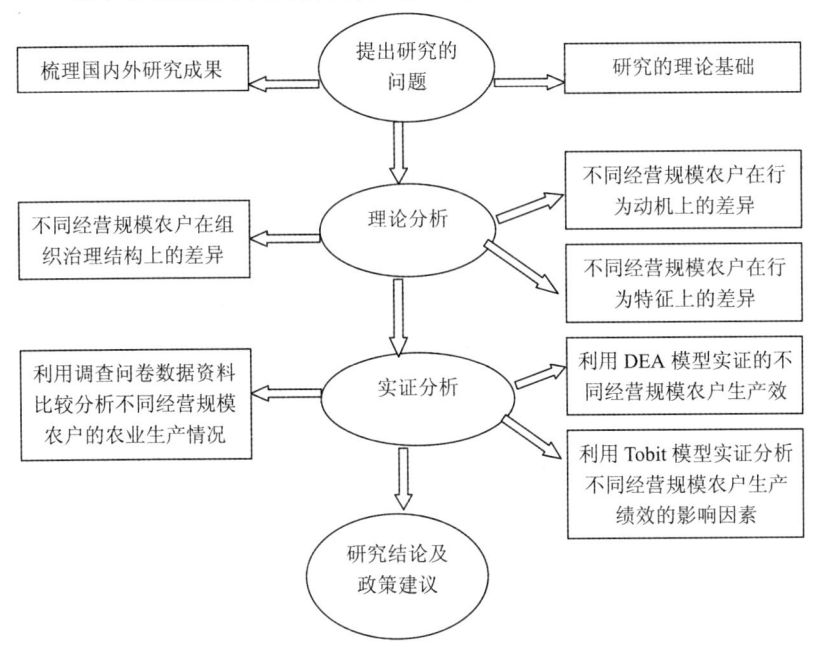

图 1—1 技术路线图

第四节 本书的创新之处

与以往的研究文献资料相比，本书的创新之处主要集中在以下几点：

一、本书构建了一个全新的理论分析框架，在此基础上深入探讨了不同经营规模农户在农业生产特征上的差异，重点是比较分析不同经营规模农户在组织治理结构、经济行为动机和行为特征上的差异。

二、本书利用调查问卷的数据分析不同经营规模农户的农业生产情况，重点是比较分析不同经营规模农户的家庭资源禀赋、农业收入情况以及小麦生产的亩均成本收益情况。

三、本书利用数据包络分析模型（DEA 模型）实证分析了不同经营规模农户的生产效率，指出不同经营规模农户的生产效率具有较大的差异性；并利用 Tobit 模型对影响不同经营规模农户生产绩效的因素进行了计量分析，得出结论认为，农业生产效率显著地受到农户从业经历、经营意识、所拥有的耕地质量和块数等因素的影响。

四、在前人研究的基础上，本书提出了界定粮食生产最优经营规模的三大标准，即农业最优经营规模要能够与家庭成员的劳动生产能力和经营管理能力相适应，农业最优经营规模要能够实现较高的土地产出率、劳动生产率和资源利用率，农业最优经营规模要能够确保经营者获得与当地打工农民（或城镇居民）大体相当的收入水平。然后，利用以上三个标准，对山东省当前农业生产条件下农业的最优经营规模进行了界定，得出的结论经营面积在 60 亩—110 亩是当前山东小麦生产的最优经营规模的结论。

第二章 国内外相关研究的文献综述

第一节 国外有关农户规模经营效率的文献综述

传统的规模经济理论认为,随着企业生产经营规模不断扩大,企业的生产成本和管理成本通常都会下降,因而企业的长期平均成本将会下降,从而带来规模经济效应。在传统规模经济理论的影响下,20世纪60年代以前的农业经济学者曾坚定地认为经营规模较大的农户能够有效地降低农业生产经营的成本,因而能够获得更高的农业生产效率。直至1966年情况才发生转变,著名经济学家、1998年诺贝尔经济学奖获得者阿马蒂亚·森利用印度农业的数据进行了实证研究,得出与传统规模经济理论相反的结论:随着农户土地经营规模的不断扩大,以单位土地产出计量的农业生产率呈现出逐步下降的趋势,即农户的土地经营规模与农业生产效率之间存在着显著的负相关关系,这种负相关关系被后来的农业经济学家称之为农业发展中的"IR关系(inverse relationship)"。此后,农户经营规模与农业生产效率的"IR关系"被认为传统农业的经典特征之一,在长达半个多世纪的时间里持续引起了众多农业经济研究者的浓厚兴趣,他们围绕农业生产中"农户经营规模与农业生产效率的负相关关系的存在性"展开了激烈的争论。

一 关于农户经营规模与农业生产效率呈负相关关系的综述

农业发展中的"农户经营规模与农业效率的负相关关系"被

许多农业经济学者在发展中国家得到了印证，如 Mazumdar (1965)、Rao (1966)、Bharadwaj (1974)、Chaddha (1978)、世界银行 (1983)、Carter (1984)、Bhalla (1988)、Heltberg (1998)、Kimhi (2006)、Barrett (2010)、Sial (2012)、Ali (2013) 等利用发展中国家的数据调研资料从不同的角度对农户经营规模与农业生产效率的确存在着负相关关系进行了验证。

1983 年，世界银行组织对非洲肯尼亚大型农场与小型农场生产效率的比较分析发现，经营面积在 0.5 公顷以下小型农场的单位面积土地产出是经营面积在 8 公顷以上大型农场的 19 倍，并且小型农场的劳动力也能够得到极为高度的使用，其平均劳动使用强度也是大型农场的 30 倍。

英国经济学家 Carter 教授 (1984) 在《农业经营规模与农业生产效率的负相关关系的认定——基于农民农业生产的实证分析》一文中利用印度哈里亚纳邦 1969 年~1972 年三年间 162 个农户的数据对农场的经营规模与生产效率的关系进行了研究，他首先以农场每公顷产出为因变量，农场总面积为自变量，利用最小二乘法实证分析了两者之间的关系，其结论显示，农场的经营规模每扩大一倍，其每公顷农业产出将会下降近 40% 左右，这充分说明农场的经营规模与农场生产效率呈现出较强的负相关关系，从而证实了阿马蒂亚·森所提出的"IR 关系"的存在；然后，他又进一步通过实证研究证明，即使在剔除掉因为跨村庄土壤肥沃差异和农场主文化素质差异等因素引起的生产效率差异的条件下，农场的经营规模每扩大一倍，其每公顷农业产出下降仍接近 20%。

丹麦经济学家 Heltberg 教授 (1998) 在《农村市场不完善与农业规模效率关系：基于巴基斯坦的证据》一文中首先分析总结了以往的研究文献对"农户经营规模与农业生产效率的负相关关系"的三条批评：(1) 遗漏重要变量导致实证研究结果出现瑕疵，(2) 自 20 世纪 60 年代绿色革命之后"IR 关系"不再适用，(3) 缺乏对"IR 关系"的系统分析。针对上述三条批评，Heltberg 进行了逐条回应:(1)在设定两阶段固定效应程序将土地肥沃程度和学历差异等因素控制后,Heltberg 发现农业经营规模与生产效率之间仍然呈现出较强的负向关系。(2) Heltberg 利用巴基斯坦 1986 年~1991 年 52 个村庄 930 个农户调查的数据对农户的经营规模与生产效率的关系进行了实证分析发现,农户的平均经营规模每下降 10%,其农业产出将增加 7%~8%。(3) Heltberg 在进行了一组关于劳动、土地、信贷和保险市场失灵等合理假设的基础上,构建了解释规模——产出和规模——效益的系统而简洁的分析框架。

巴基斯坦经济学家 Sial、Iqbal & Sheikh 教授(2012)在《农场经营规模与农业生产效率的关系:基于旁遮普邦中部的证据》一文中利用印度旁遮普邦 6 个地区 302 户农户 2005 年的调查资料,以每公顷农业产出为因变量,以每公顷家庭劳动投入、土地租金、雇工投入、资本投入和现金投入为自变量构建了计量经济模型来验证农户的经营规模与农业生产效率之间"IR 关系"的存在,研究结果发现,小规模农场每公顷的土地产出要比大规模农场要高出 18.6%,从而印证了"农场经营规模与农业效率的负相关关系"的存在。

美国经济学家 Dyer 教授(1997)在《埃及的阶级、国家和农业生产效率:基于农业经营规模与土地生产效率的负相关关系》一书中对农业发展中经典的"农户经营规模与农业效率的负相关关系"产生的原因进行全面而深入的探讨,他认为,农场之间土地肥沃程度的差异是"农户经营规模与农业生产效率的负相关关系"产生的第一个原因,由于土地的继承制度和大农场倾向于集中投资于效率最高的地块,因此小农场的土地质量要优于大农场的土地;"农户经营规模与农业生产效率的负相关关系"产生的第二个原因是随着农民农场经营规模的扩大,农场的监督管理成本越来越高,从而导致大农场规模的不经济;第三个原因是劳动使用强度的问题,小农场使用劳动的强度直至边际生产力为零,而大农场在边际成本等于劳动力价格的程度上使用劳动力。

美国经济学家 Barrett、Bellemare、Hou 教授（2010）在《对"IR 关系"解释的再思考》一文中指出，发展经济学中关于"农户经营规模与农业生产效率的负相关关系"是否存在已经成了一个古老之谜，经济学家们对这个问题已经进行了多个方面的解释：第一种解释认为"IR 关系"是由于劳动、土地等农业要素市场不完善所造成的，第二种解释认为"IR 关系"是由于研究中忽略了土地肥沃程度等相关重要变量所造成的，第三种解释认为"IR 关系"是由于统计数据的误差所造成的。为了得到更加准确和权威的结论，Barrett、Bellemare 和 Hou 教授利用 2002 年在马达加斯加岛 300 户农户的调查数据也对"农户经营规模与农业生产效率的负相关关系"产生的影响因素进行了深入分析，他首先使用了一套独特的数据处理方法将用于测量农户家庭土地效率和农户地块土地效率的变量匹配起来，并且在对氮磷钾等代表土地肥沃程度的指标进行了精确测量和对影响效率到无法测量的变量进行控制的基础上，从要素市场不完善和土地肥沃程度差别两个角度分别实证分析了农户的经营规模与生产效率。研究结果如下，在一般情况下，农户的土地耕种面积每增加1%，其每公顷产出将会下降0.29%；而在控制了要素市场不完善等因素后，农户的土地耕种面积每增加1%，其每公顷产出将下降0.20%，因而他得出结论认为，大约30%的"IR 关系"产生的影响原因可以用要素市场不完善来解释，同时他发现土地肥沃程度对"农户经营规模与农业生产效率的负相关关系"影响不大。

世界银行农业专家 Ali、Deininger（2013）在《非洲农业是否存在着"IR 关系"》一文中利用卢旺达 300 个村庄 3600 户农户 2001 年的数据实证分析了单位土地面积与单位土地产出和单位土地净收益的关系。他首先利用柯布道格拉斯函数和跨越生产函数构建了测量家庭农场和地块效率的函数，该函数以粮食产出作为因变量，农业投入（劳动投入、化肥、农药、种子费用等）和地块特征（离住宅距离、拥有年限、灌溉条件、土壤类型、海拔高度、灾害发生频率等）为自变量，研究结果显示，单位耕地面积每增加 1%，以农户和地块计算的粮食产出将分别下降 38% 和 48%，土地经营规模与生产效率呈现出比较显著的负相关关系，而原因在于小农场比大农场能够更加集约的使用劳动力，而如果在劳动力按市场价格计算的条件下，使用土地净收入替代土地产出来计算土地经营规模与生产效率的关系时，则上面所展现的强烈的负相关关系将不复存在。

二 关于农户经营规模与农业生产效率呈正相关关系的综述

但是并不是所有的学者都认同阿马蒂亚·森的观点，他们总结了针对"农户经营规模与农业生产效率的负相关关系"研究所存在的种种问题，并且同样使用发展中国家的数据证实了"农户经营规模与农业生产效率的负相关关系"并不存在。

印度经济学家 Barbier 教授（1984）在《农业经营规模和农业生产效率之间的反比关系的替代性解释》一文中全面回顾了以往关于农户经营规模与农业生产效率的经典文献之后认为，我们必须认真地研究以下两个基本的问题：一是我们必须从严格的视角审视所谓的"农户经营规模与农业效率的负相关关系"是否有足够的实证基础，二是我们必须重新构建更严密的研究框架来分析不同经营规模的农户劳动生产率的差异。为了避免以往研究者使用汇总数据可能导致的结论误差，Barbier 分别使用了印度西孟加拉邦 1971 年 150 户农户的调查数据和从单个村庄的视角研究农户的经营规模与农业的生产效率之间关系，他的研究结果并没有发现农户经营规模与农业生产效率呈现出单一的"IR 关系"，并且两者之间是否具有一定的函数关系这一简单的问题也难以得到确定，同时他认为，忽视其他组织变量和技术因素的作用来考察农户经营规模与农业生产效率的关系是一种难以令人满意的方法，其结果可能是令人失望的或者具有危险误导性的，可能导致虚假的关系或者虚假的因果关系。

荷兰农业学家 Lodhi（2001）在《越南农业：是否存在"IR关系"》一文中首先对 Dyer 的观点进行了反驳，他认为，Dyer 的观点与其说是一种合理的解释，不如说是一种假设，因此尽管他的论据是貌似合理的，但终究是难以让人彻底信服的。同时利用 1999 年在越南湄公河三角洲 160 户农户的调查资料表明，小农场每公顷的农业产出只有 1393 公斤，大农场的每公顷农业产出大约 16000 公斤，大农场的单位产出比小农场要高出十多倍，这说明，随着农户经营规模的扩大，每公顷的农业产出不但没有下降，反而有了较大幅度的增加。针对此种情况产生的原因，他认为 20 世纪 80 年代越南农村的集体化解体对农业发展产生十分深远的影响，导致农民阶层开始分化，不同经营规模的农户使用不同的农业技术从事农业生产，从而他们之间的农业产出呈现出较大的差别。

美国经济学家 Rios、Shively 教授（2005）在《越南咖啡农场的农场规模与非参数效率测量》一文中以越南多乐省 209 户农户 2004 年的调查数据为样本，利用两阶段分析方法对农户的经营规模与生产效率进行了实证分析。第一阶段，他实证分析了农户的技术效率和成本效率，他得出结论认为，平均来说，从技术效率指数来看，大农场的效率要高于小农场的效率；从成本效率指数来看，大农场的效率也要高于小农场，大农场还可以减少 42% 的成本，而小农场仍然具有 58% 的成本下降空间。第二阶段，从资源配置效率的角度分析了大农场的效率为什么要高于小农场，实证结果证明，技术效率的差异主要在于大农场与小农场在农业灌溉基础设施上的较大差异。

第二节 国内有关农户规模经营效率的文献综述

鉴于长期以来我国耕地少人口多的特殊国情，关于土地的规模经营问题受到国内学者们的持续关注，他们都对土地的规模经营问题进行过较为深入的研究，取得了一系列较为丰硕的研究成果，其中不乏一些经典之作。国内对农户规模经营研究的观点主要集中在以下几个方面。

一 关于农户规模经营含义研究的综述

国内学者对农户规模经营含义的研究可以划分为以下两个方面的内容：一是农户土地经营规模的外延式扩张，二是农户土地经营规模的内涵式发展。

（一）关于农户土地规模经营外延式扩张的综述

针对农户经营规模小、农业收益较低的现实情况，提高农户收益最快捷有效的方式就是促进土地的流转、实现土地的规模经营以取得规模经济，这也是农户土地规模经营研究的逻辑起点。如蔡昉、李周（1990）认为，土地的规模经济主要来源于以下四个方面：一是来源于劳动、资本等要素的等比例的扩张，二是来源于农户经营土地面积的扩张，三是来源于零散土地的整理、土地质量的提升，四是来源于农产品市场集聚效应、农业与工业、服务业的互动关联效应和公共设施的完善等。周诚（1995）认为，虽然农户规模经营也属于西方经济理论中规模经济的范畴，当时其内涵具有中国式的特殊含义：一是要扩大农户的土地经营面积，使得农民在农业内部能够获得充分的就业，使农民的收入水平不应低于非农劳动者的收入水平；二是为了确保农产品的供给安全，种田能手应该耕种更大面积的土地。张文渊（1999）认为，农户的土地规模经营必须重视以下两个方面的问题：一是农户的土地规模经营必须要适度，要与农户的生产经营能力水平相适应，不能超出农户的经营能力；二是农户土地经营规模的扩大，绝不能简单的等同于土地数量的堆积，而是要在优化农业生产投入品资源配置的基础上实现土地的效率达到最大化。虽然以上学者在论述农户土地规模经营的外延式扩张时，也或多或少的提到了农户土地规模经营的内涵式发展，但是这部分内容不是他们阐述的重点，他们并没有深入论述内涵式发展的含义及实现的途径。

(二) 对农户土地规模经营内涵式发展的综述

随着农户土地规模经营的不断发展，人们对该问题的认识也不断在深化，对其内涵的理解也从表面的外延式扩张向内涵式发展演变。如杨素群（1998）认为，农业的适度规模经营必须考虑我国当前的农业生产条件，必须与当时的农业生产力发展水平相适应，必须能够使劳动、土地、资本等农业生产要素得到高效率的配置和利用以实现经济效益的最大化。张瑞芝、钱忠好（1999）认为，农户的适度规模经济必须与其农业发展的内部条件以及市场、金融等外部环境相匹配，从而实现农业发展的经济效益、生态效益和社会效率的最大化。李忠国（2005）认为，实现农业生产要素的优化配置以获得最佳的经济效益是我国农户的土地规模经营的核心内容，单一的只是扩大土地要素的规模而忽视土地与其它生产要素的协调配合是无法实现经济效益的最大化的。钱文荣、张忠明（2006）认为，要实现农业内部自身规模经营与外部规模经营的协调发展，要通过农民合作社等农业经济组织和农业社会化服务体系将众多分散的、小规模的农户联合起来，为他们提供包括产前、产中、产后等社会化服务，实现农业服务的规模经济。

二 关于农户经营规模与农业生产效率关系的综述

(一) 农户经营规模与农业生产效率呈负相关关系

任治君（1995）以1970年法国5公顷以下、5公顷~10公顷、10公顷~20公顷、20公顷~50公顷以及50公顷以上四个级别的农场为例深入分析了农场经营规模与单位面积土地产出之间的关系，他研究发现，随着农户经营规模的逐步扩大，其每亩农业生产成本均无一例外的随之下降，但是其每亩土地产出率也呈现出快速下降的趋势，并且土地经营规模每上升一个级别，其土地产出率将会下降14%，50公顷以上农场的土地产出率（1637法郎）只相当于5公顷~10公顷农场土地产出率（2538法郎）的65%。正是由于大规模农场土地产出率的急剧降低，1970年，法国经营规模在

10公顷以下的小农场，虽然只占到法国耕地总面积的9.5%，却生产了法国20.6%的农业生产总值；而规模在50公顷以上的大农场，占法国耕地总面积的35.2%，却只生产了法国26.2%的农业生产总值。因此，基于法国的农业实践，任治君得出结论认为，在农业经营规模扩大的过程中，单位生产成本的下降与单位产出率的提高是难以兼容的。同时，他认为，狭小的可耕地面积和农业科学技术发展缓慢是制约我国农业规模经营的两大因素。

张忠根、史清华（2001）基于1986年~1999年浙江省农村固定观察点10个村的跟踪观察户资料，对不同经营规模农户农地生产效率进行了比较分析研究，研究结果发现，随着农户土地经营规模的扩大，单位面积土地的纯收入快速下降，如1995年土地经营面积小于1亩、1亩~3亩、3~5亩、5~10亩和大于10亩农户的亩均纯收入分别为1029.73元、971.19元、778.28元、651.19元和260.08元；1999年土地经营面积小于1亩、1亩~3亩、3~5亩、5~10亩和大于10亩农户的亩均纯收入分别为712.80元、581.20元、567.19元、524.51元和236.86元，这两年亩均纯收入均呈现出十分明显的下降趋势，1995年和1999年大于10亩农户的亩均纯收入仅为小于1亩农户的25%和33%，充分证明了农业生产过程中"IR关系"的存在性。

(二) 农户经营规模与生产效率呈正相关关系

张光辉（1996）首先对任治君提出的"单位生产成本的下降与单位产出率的提高是难以兼容的"观点进行了反驳，然后他对法国和美国农业发展的历史进行纵向比较，发现美国在战后的1945年~1971年间，农场数从1945年的5859169个下降到1960年的3962520个，到1971年下降到2908950个，平均每个农场的经营规模由195公顷上升到297公顷再到373公顷。但是相比较于1945年，1960年水稻、小麦和玉米的单位产出分别提高了67%、54%和67%；而相比较于1960年，1970年水稻、小麦和玉米的单位产出分别提高38%、30%和60%。随后，他对日本佐贺县、石川县的水稻生产进行了横向的比较发现，经营规模较大农户的水稻单位出产要高于经营规模较小的农户。因此，他得出结论认为，农户土地经营规模的扩大与农业产出水平的提高是不冲突的。

苏旭霞、王秀清（2002）首先以粮食产量为被解释变量，以劳动投入、物质投入、土地面积、土地细碎化程度、技术采纳变量和土地质量为解释变量，构建了前沿生产函数模型和常规生产函数模型，然后利用山东省莱西市106户农户的小麦与玉米的调查数据，运用上述两个模型实证分析了土地细碎化程度对农户粮食生产经营的影响，他们的研究结果发现，小麦和玉米的规模弹性分别为1.27和1.28，上述数据说明随着农户土地经营规模的扩大会带来农业产出的增加，存在着较为明显的规模经济效应。最后，他们得出结论认为，虽然统计上不太显著，但是土地细碎化仍然降低了我国粮食生产的规模经济，而且影响了农业生产的技术效率。

胡初枝、黄贤金（2007）首先以单位播种面积净收益为被解释变量，以土地经营规模、单位面积作物生产劳动力投入、化肥投入、农业机械投入和种子投入为解释变量构建了多元回归函数计量经济模型，然后利用他们2006年8月在江苏省铜山县对104户农户所做的调查数据，分析土地经营规模对农业生产绩效的影响，实证结果显示，在适度经营规模范围内，农户土地经营规模每增加1亩，农业净收益将增加31.841元。而且他们的实证研究还解释了土地经营规模对农业生产绩效产生正效应的途径，他们认为土地经营规模的扩大实现了劳动、土地、资本等资源的优化配置，进而实现了全要素生产率的提高。

（三）农户经营规模与农业生产效率的相关关系不显著

黄祖辉、陈欣欣（1998）首先总结分析浙江、江苏等沿海省份粮田规模经营的实践后认为，粮田实行规模经营后，农户的劳动生产率得到了较大幅度的提高，农民种粮的收益得到大大提高，粮食商品化率显著的提高，农业机械化水平明显提高。同时他们认为，粮田规模经营究竟如何影响土地产出率，必须具体情况具体分析。例如，对那些土壤质量比较差、产量比较低的耕地，如果不实行规模经营，很有可能就被撂荒了，因此实行规模经营后，质量比较差的耕地的产出虽然比普通农户耕地的产出要低，但是与被抛荒相比，该土地的生产效率可以说是得到了大幅度的提高。为了更加深入的分析耕地经营规模与农业生产效率之间的关系，他们通过对浙江省28个不同经营规模农户的数据调查研究发现，农户土地经营规模与劳动生产率呈现呈现出较为显著地正相关关系，与其单位面积劳动投入也呈现出显著地负相关关系，但是，农户土地经营规模与单位面积土地产出率却没有呈现出显著地负相关关系或者正相关关系。他们最后得出结论认为，粮田的经营规模并不能决定土地的平均成本和产出率，而粮田经营者素质的高低、生产要素的价格水平、技术装备水平等诸多因素共同决定了土地的平均成本和产出率；基于当地的资源禀赋选择合适的粮田经营规模是提高土地规模经营效率的关键。

罗必良（2000）在现有文献的基础上分析了组织规模效率的若干决定因素，组织管理成本与市场交易成本之间的制衡是农地经营规模效率的主要决定因素。然后他从农业的产业性质与农地经营规模、资产专用性与农地经营规模、组织管理费用与农地经营规模、市场交易特征与农地经营规模和垄断利润与农地经营规模五个维度探讨了农地经营规模与农业生产效率之间的关系，他得出结论认为，农业并不是一个存在显著规模经济性的产业，这为小规模家庭经营的存在提供了良好的解释。

许庆、尹荣梁、章辉（2011）认为，现有的关于农业经营规模经济实证研究的视角比较单一，或者从投入产出的视角，或者从生产成本的视角，从单一视角研究得出的结论和政策建议虽然具有一定的借鉴意义，但是研究结论的广适性值得推敲。因此，他们利用《CERC/MOA中国农村居民问卷调查数据库》中关于2000年我国粮食主产区山东省、江西省、河南省、广东省、吉林省和四川省等六个省份100个村庄1049个农户的实地调查数据，运用超越对数函数从投入产出和生产成本两个视角系统研究了我国粮食主产区农业生产经营规模经济的存在性问题,研究结果发现,玉米、水稻和小麦三种主要粮食作物总的规模报酬系数为1.049,几乎不存在显著的规模收益递增。于是他们认为,从粮食增产的角度来讲,促进土地较大规模经营的政策是不可取的。然而,他们的研究也发现,虽然农业生产几乎不存在着规模报酬递增,但是存在着规模经济现象,即随着农业生产经营规模的扩大,其农业生产成本随之下降,土地经营规模每增加一亩,其农业生产成本大约下降2%~10%左右。

三 关于农户经营最优规模测算的综述

刘秋香、郑国清、赵理(1993)首先以单位面积产量、单位面积纯收入、劳均产量、劳均纯收入、百元固定资金纯收入和百元费用纯收入比等变量构建了适度经营规模的六大评价指标体系,并且采用灰色系统理论的指标定权聚类法建立了测算农业最优经营规模的数学模型。在此基础上,他们利用河南省南阳地区的农户调查资料对农户生产经营的适度经营规模进行实证分析,研究结果发现,在南阳地区现有农业生产条件下,劳均耕地面积0.33公顷~0.47公顷是其最优的适度经营规模,而最差的经营规模是劳均耕地面积0.067公顷~0.200公顷。他们给出建议认为,鉴于当前农业的经营规模过小,当地政府应该适时转移农村劳动力,提高农户的经营规模以获得农业生产的最佳效益。

解安(2002)认为,在浙江省、广东省和福建省等沿海发达省份在土地流转和规模经营方面已经取得了较大的成就,然而发达省份的欠发达地区在土地流转和经营规模方面却面临着特殊的困难:与发达地区相比,欠发达地区更难以由分散小规模经营向连片规模化经营转变、更难以由粗放型经营向集约化经营转变、农村产业结构更难以优化调整、农业发展后劲更为不足等。同时,他通过对1996年福建省南平市100户农户的问卷调查发现,土地经营面积 20 亩～25 亩是当地农业发展的最优经营规模，其劳均纯收入和亩均土地产值分别要比经营面积 10 亩以下的农户高 6.6 倍和近 2 倍，高出 10 亩～15 亩的农户 3.7 倍和 86%，高出 15 亩～20 亩的农户 93% 和 69%。

钱贵霞、李宁辉（2004）在构建了农户土地规模经营决策的计量经济模型的基础上，利用我国 10 个粮食主产省（江苏省、河北省、山东省、吉林省、河南省、黑龙江省、安徽省、辽宁省、湖北省和四川省）30 个县 3000 户农户 2002 年度的数据调查资料，运用 Eviews 和 Excel 软件计算出 10 个粮食主产省份农业经营的最优经营规模后得出结论认为，在现有的生产力水平下，农户户均 67.81 亩是这 10 个粮食主产省最优的土地经营规模，而目前 10 个粮食主产省份农户的户均经营规模为 10.71 亩；农户劳均土地面积 26.32 亩是 10 个省分粮食主产区最优的土地经营规模，而目前 10 个粮食主产省份农户的劳均经营规模为 4.16 亩；农户户均 0.49 个劳动力是这 10 个粮食主产省最优的劳动力个数，而目前 10 个粮食主产省份农户的户均劳动力为 2.76 人。因此，从上述数据可以看出，10 个粮食主产省还远远没有达到农业生产的最优经营规模状态。

张忠明（2008）首先明确界定了粮地经营规模效率的内涵，通过利用 2007 年在吉林省 10 个县 722 户农户的问卷调查数据，运用数据包络分析法（DEA）针对不同经营规模的玉米种植户的纯技术效率和家庭总体经营规模效率同时进行了实证分析，他得出结论发现，经营规模在 75 亩—80 亩是吉林省玉米种植的效率最优经营规模区间。最后，他提出以下政策建议：要完善社会保障制度，运用利益诱导机制促进土地规模流转；要积极扶持中等规模农户成为较大规模农户，以提升粮食生产效率；避免粮价剧烈波动对规模经营农户的负面影响。

吴桢培（2011）利用湖南省 4 个市县 308 个农户的数据资料，以农户的水稻经营面积、机械使用费用、化肥农药等物质投入费用和用工数量为投入变量，以农户的水稻产量和净利润为产出变量，运用 DEA 软件计算农户的生产效率，他的研究结果发现，农户水稻种植的最优规模是 50 亩—60 亩，按照每年两季稻计算，每个农业大户的最佳规模是 25 亩—30 亩。

姚增福（2011）利用黑龙江省 460 户种粮大户的数据资料，构建了前沿生产函数，运用极大似然方法计算了不同经营规模种粮大户的技术效率以及影响技术效率进步的诸多因素，研究结果发现，农户的经营规模与技术效率呈现出典型的"倒U型"曲线，种粮大户的最优经营规模是 100 亩—130 亩。种粮大户户主的年龄、受教育程度、身体健康状况、土地经营面积、家庭劳动投入、农业技术服务水平以及能否获得周边人的帮助等因素对技术效率具有显著地正向效应，但是务农收入、能否获得信贷服务、所在地区等因素对技术效率的影响则不显著。

倪国华、蔡昉（2015）认为，促进农户土地规模经营已经成为中国农业发展不可逆转的趋势，在这种背景下继续争论农业"规模报酬递增"还是"规模报酬递减"已经显得毫无意义，在尊重农户意愿的基础上借助市场的力量推动土地的规模经营，已经成为未来顶层设计的基本共识。随后，他们利用国家统计局 2004 年、2005 年、2007 年、2009 年和 2012 年 5 个年份的 31 个省、市、自治区的 7 万户农户的数据调查资料，将实现家庭劳动禀赋和土地禀赋的最大化作为农业发展的目标，通过计量实证分析回答了"农户究竟需要多大的农地经营规模"这一中国农业所面临的核心问题。他们的研究结果发现，在现有的生产力水平下，耕种面积 131 亩—135 亩是"家庭综合农场"的拟合最优土地经营规模区间，耕种面积 234 亩—236 亩是"种粮大户"的拟合最优粮食播种规模区间，进而构建了以农户为视角的"农地经营规模决策图谱"。同时他们的研究结果还发现，只有当粮食播种面积超过 616 亩—619 亩之后，亩均粮食产量才随着粮食播种面积的增加而缓慢增加，规模报酬效益才会逐步显现。

第三节 文献评述

综观国内外有关农业规模经营的研究文献,国外学者关注的重点在于农业生产中"农户经营规模与农业生产效率的负相关关系的存在性"问题,而国内学者则基于中国人多地少、农户经营规模较小的特殊国情,对农业规模经营的内涵、农户经营规模与农业生产效率关系、农业生产的最优经营规模、农户土地规模经营的实现形式等问题展开了深入的研究,取得了大量有较强理论和实践价值的研究成果。

一、从研究内容上看,在探讨"农业经营规模与农业生产效率之间的关系"时,许多学者只是把该问题简化理解为分析"农业经营规模与农业土地产出"之间的关系,实际上,农业生产效率包含的涵义比较广泛,既包含单要素生产效率,又包含全要素生产效率,仅仅使用单要素生产率——农业土地产出率来代表农业生产的效率却忽视其背后的农业生产的投入明显是不合理的,比如对于我国超小经营规模的普通农户而言,其亩均农业产出可能要高于具有一定经营规模的农户,但是其高产出的背后是劳动、化肥、农药等不计成本的投入,是一种粗放的"无效率的增长",典型的属于黄宗智所指出的"过密化"现象。在我国当前农产品产量、进口量和库存量"三量齐增"的大环境下,我国应该实施农业供给侧改革,适度调整农业发展的目标,将农业发展的目标由以往的盲目追求农产品的高产出转向土地产出率、劳动生产率和资源利用效率并重的方向上来,以提高我国农业的综合生产效率和国际竞争力,来应对国际市场农产品价格下跌所带来的严峻挑战。

二、从研究方法上看,在分析"农业经营规模与农业生产效率"的关系时,许多学者只是简单比较分析规模较小农场与规模较大农场的农业土地产出差异,如张忠根、史清华列举不同经营规模农户的纯收入后就得出了规模大的农户效率较低的结论;或者利用简单的最小二乘法来比较两者之间的差异，如 Carter 教授利用最小二乘法验证两者之间的关系。一般来说，如果使用的研究方法过于简单，很可能难以充分揭示变量之间的内在关系，得出的结论也难以让人百分百的信服。

三，从数据分析上看，随着现有计量软件的快速发展，许多学者也开始利用一些高级的计量软件分析"农业经营规模与农业生产效率"的关系。但是总的来说，他们的数据质量还有待提高，如吴桢培（2011）在研究湖南省农户水稻种植的适度经营规模时，他所利用的 308 个样本农户中，耕种面积在 20 亩以下农户占到总样本的 51.3%，耕种面积达到 100 亩以上的农户只占到总样本的 10.38%，规模较大农户样本不足，很难反映出当前我国规模农业发展的实际情况，也难以反映出他们真实的规模经济效率。

第三章 研究的理论基础

第一节 规模经济理论

规模经济理论（Theory of Scale Economies），是与规模不经济理论相对应的，是指在一定的技术水平条件下和一定的产量范围内，随着企业生产经营的逐步扩大，其平均生产成本不断降低，从而其利润水平得到提高。作为经济学的基本理论之一，规模经济理论经历了漫长的发展演变过程中，从最早的古典经济学派、到新古典经济学派、再到新制度经济学派，规模经济理论一直是经济学研究的主要内容之一。

一 古典经济学关于规模经济理论的论述

作为经济学的鼻祖，亚当·斯密（Adam Smith，1776）在其传世之作《国民财富的性质和原因的研究》一书中首先以制针为例对规模经济理论进行了详细的探讨，他认为提高生产效率的途径是提高分工专业化的水平，原因在于分工专业化水平的提高会增加劳动熟练程度、节约工序之间转换的时间以及有助于工具的改善，这将大大提高劳动生产效率，从而促进经济发展增进国民财富。同时，他指出虽然提高分工专业化的水平能够实现经济和财富的增长，但是分工水平也不是可以无限扩大的，要受到市场范围和交换能力大小的限制，因此扩大市场规模是提高专业化水平和劳动生产效率的关键所在。由于在亚当·斯密所处的时代，人类社会整体上尚未进入到资本主义制度，亚当·斯密也没有在真正的资本主义社会生活过，所以亚当·斯密受到所处时代的局限，他虽然没有正式提出规模经济理论，但他已经深刻认识到扩大市场规模对经济增长的重要意义，这是他对规模经济的主要贡献所在。

著名经济学家约翰·斯图亚特·穆勒（John Stuart Mill，1848）在继承了亚当·斯密分工专业化理论的基础上，在其经典著作《政治经济学原理》首次从节约生产成本的角度深入而系统阐述了大规模生产的众多优点，他认为："在许多情况下，从事大规模生产能够促进生产效率的大幅提高。要使劳动生产效率得到最大程度的提高，必须把众多劳动者联合起来，即使联合起来只是为了简单的劳动协作，那么企业规模必须大到足以把众多劳动者聚集起来，资本规模必须多到足以供养这些劳动着。在工作性质允许的条件下，市场规模达到一定程度就必须进行较细的分工。企业生产规模越大，分工就可以越细致。这也是为什么大规模制造企业存在的主要原因之一。"① 与亚当·斯密建立在劳动分工专业化理论基础上的规模经济分析不同，约翰·穆勒直接从节约生产成本的角度提出了规模经济理论，可谓是规模经济理论的奠基者。

美国经济学家阿林·杨格（Arthur Young，1928）在其论文《报酬递增与经济进步》重新发掘了长期被主流经济学所忽视的亚当·斯密"关于分工受市场范围限制"的劳动分工理论，并首次引入"迂回生产"的概念对规模经济理论进行了重大的发展。他认为："在阐述亚当·斯密的分工专业化原理时，必须注意以下三点：一是仅仅通过考察单个企业或者单个产业的规模效应，是无法清楚理解规模报酬递增机制的，原因在于产业的不断分工和专业化是规模报酬递能够实现的一个重要条件……；二是规模报酬递增取决于劳动分工的发展，现代经济劳动分工的主要形式是以迂回生产方式使用劳动；三是劳动分工的程度取决于市场规模的大小，而市

---

① ［英］穆勒：《政治经济学原理》，金镝、金熠译，华夏出版社2009年版。

场规模的大小又取决于劳动分工的程度。"① 杨格的规模经济理论对现代经济理论的发展产生了较为深远的影响,他最大的贡献在于发展了亚当·斯密的专业化分工理论,使得被长期忽略的关于劳动分工和规模报酬递增的分析范式重新被主流经济学界所关注。

二 新古典经济学关于规模经济理论的论述

作为新古典经济学的创始人,近代英国经济学家阿尔弗雷德·马歇尔(Alfred Marshall,1890)在其名著《经济学原理》一书中首次正式利用"规模经济"的概念来解释企业的规模报酬递增问题。他在书中指出,在较长的时期内,企业有充裕的时间进行生产规模的调整,通过加大固定资产投入来获得较大的规模经济,从而使得企业能够在较低的成本上从事生产获得规模报酬递增。② 同时,马歇尔从分工专业化的视角将企业的规模经济分为外部规模经济和内部规模经济,内部规模经济源自于企业资源利用效率、经营管理效率的提高,外部规模经济源自于企业间有效的分工协作以及产业的合理布局等等。马歇尔还创造性地研究了规模经济演变的一般规律,即随着企业生产经营规模的不断扩大,规模经济将依次经过规模经济递增、规模经济不变和规模经济递减三个阶段。此外,马歇尔还深入探讨了规模经济与市场垄断之间的矛盾,这就是经济学史上著名的"马歇尔冲突(Marshall's dilemma)",即企业的生产经营规模要适度,不能无限制的扩张,否则规模过大将带来市场垄断问题,导致市场失去完全竞争的效率。

美国著名经济学家保罗·萨缪尔森(Paul A. Samuelson,1948)对规模经济理论进行了深入的研究,在他的经典著作《经济学》对规模经济的定义进行明确的阐述,他认为,在生产要素投入增加

---

① [英]杨格:《报酬逆增与经济进步》,贾根良译,《经济社会体制比较》,1996年第2期。

② 参见马歇尔《经济学原理》,宇琦译,湖南文艺出版社,2012年版。

的同时，如果产出增加的比例超过投入增加的比例，单位产品的平均生产成本随着产量的增加而降低，即为规模报酬递增或者规模经济；反之，如果产出增加的比例小于投入增加的比例，单位产品的平均生产成本随着产量的增加而增加，即为规模报酬递减或者规模不经济。[1] 萨缪尔森对规模经济的界定得到了大多数经济学家的认同和接受。同时，萨缪尔森还研究了规模经济的四种表现形式：一是生产的规模经济，即随着企业经营规模的不断扩大，企业的厂房、机械设备等固定成本可以分摊到更多的产出上，从而单位产品的固定生产成本会降低；二是交易的规模经济，即较之分次的小规模交易，一次性大规模交易会节省时间、运输成本和交易成本；三是储存的规模经济，即生产要素、半成品和成品的储藏，会因数量的增加而降低单位产品的储存成本；四是专业化分工经济。长期的大批量交易，会使分工更加专业化和细化，有助于新技术、新产品、新设备的发明创造。

三 新制度经济学关于规模经济理论的论述

作为新制度经济学理论的开创者，美国经济学家、诺贝尔经济学奖获得者罗纳德·哈里·科斯（Ronald H. Coase，1937）发表了制度经济学的奠基之作《企业的性质》，该书创造性地利用交易费用理论对企业的边界和规模进行了界定，他认为企业组织和市场机制是可以相互替代的两种资源配置方式，降低交易费用是企业组织产生的根本原因。在市场上进行每一笔交易都需要付出一定的成本的，即交易费用，主要包括搜寻市场信息的成本、讨价还价的成本、签订合约的成本和确保合约履行的成本，而企业组织以等级制的权威方式来生产该产品时，则可以减少交易的次数、交易的数目和交易的摩擦等交易费用。如果企业在市场上购买某种产品的交易费用超过企业自行组织生产的组织管理费用，那么企业组织就可以

---

[1] 参见萨缪尔森《经济学》，萧琛译，人民邮电出版社，2008年版。

实现对市场经济的替代；企业的规模大小取决于市场的交易费用和企业组织管理成本的权衡，随着企业生产经营的不断扩大，企业组织内部的管理监督费用也会不断地增加，企业通常倾向于将其规模扩张到在企业内部组织完成一笔交易的成本等于在市场上完成同一笔交易的成本为止。

新制度经济学派的代表人物之一、诺贝尔经济学奖获得者美国经济学家奥利弗·威廉姆森（Oliver Williamson，1985）在《资本主义经济制度》一书中明确的指出，针对一笔产品交易，企业究竟是利用市场机制购买该产品还是自己组织生产该产品这个问题，科斯的交易费用理论并没有提出操作性的建议。威廉姆森通过引入交易频率、不确定性和资产专用性等经济学概念，以资产专用性为核心因素、以交易频率和治理结构的维度化为重要变量构建了企业规模理论，对企业的生产规模和边界问题做出了更具用说服力的解释。威廉姆森认为，资产专用性程度是指在不损害资产的生产价值的条件下，资产可以在不同用途和不同使用者进行重新调配的程度；资产专用性是影响企业交易成本大小的重要因素，也是决定经济体选择市场机制还是企业组织的关键变量，如果资产的专用性程度高，拥有资产的一方在将资产移作其它用途时存在一定的难度，因此面临较大的交易成本；如果经济体面临较弱的资产专用性，则适合采用市场机制，如果经济体面临较强的资产专用性，则适合采用企业组织，特别是当交易频繁发生时，资产专用性将会导致企业间的并购和纵向一体化。

美国经济学家、不完全契约理论的创始人奥利弗·哈特（Oliver Hart）通过揭示产权配置效率与资产专用性的关系，即哈特定理，它有效地解释了一体化规模经济产生的内在机理。他认为，如果两个企业的产品之间是相互独立的，没有使用和消费上的关系，那么这两个企业之间是不存在关系专用性资产，相互之间不需要进行合作。如果当其中一个企业使用另一个企业的产品时，那么这两个企业之间就存在着关系专用性资产，如果交易是偶尔的，那么两个企业之后的关系资产专用性就较弱，双方利用市场机制交易即可，不需要清楚地了解对方资本运行、经营状况等方面的情况，即相互独立的资产应当分别所有，此为哈特定理的上半部分。如果两个企业之间的资产是互补的，双方需要进行较为频繁的交易，双方就需要清楚地了解对方资本运作、经营状况等方面的情况，这些基于共同信息而带来的合作成本，会被双方频繁的交易所拉低。此时双方可以采取以下选择，即签订长期契约，如果交易双方合作的带来的收益足以抵消双方达成长期契约的成本，那么市场合作就是适应性的；然而这是事前的适应性，如果由于机会主义等行为使得事后的交易成本非常高昂，市场合作就会变得非适应性了，而企业是处理事后交易成本的适应性组织，利用企业中的权威机制来处理事后合作问题，可以大大降低事后交易成本，即高度互补的实物资产应当单独所有，此为哈特定理的下半部分。作为对企业规模扩张的新的理论阐释，哈特定理告诉我们，当企业之间存在着高度的关系资产专用性时，产权配置最优的方式是企业的一体化，从而实现企业组织规模的扩张，这样既节省了交易成本，也实现了产权配置的效率，起到了"一箭双雕"的效果。

从最初的古典经济学派利用专业化分工理论研究规模经济，到新古典经济学派利用边际分析方法研究规模经济，再到新制度经济学派利用交易成本理论研究规模经济，规模经济理论经历了一个漫长的演化过程，这也是对规模经济的认识不断深化的过程，日益完善的规模经济理论已经成为现代经济理论的重要组成部分，该理论不但深入地阐述了规模经济产生的源泉、企业规模扩张的内在动力和市场分工理论，更为重要的是，它还科学有效地解释了企业规模扩张的边界问题。

第二节　经济效率理论

在西方经济学理论中有两个最基本的假设，一是经济人理性假设，即西方经济理论认为经济主体是理性的，会按照自身效益最大化的原则进行经济决策，尽可能以最小的投入获取最大的收益，这就涉及到提高经济效率的问题；另一个是资源稀缺假设，即西方经济理论认为，与人类的无限欲望相比，资源是有限的、稀缺的，必须提高资源的配置效率以实现稀缺资源的有效利用，这也涉及到提高经济效率的问题。因此，从某种意义上讲，经济效率是西方经济学理论研究的重点和核心问题之一。从经济理论发展历史的角度看，经济效率理论经历了新古典经济的帕累托效率理论、"X 非效率"理论、新制度经济学的经济效率理论、奥地利学派的"动态效率"四个阶段。

一　新古典经济的帕累托效率理论

帕累托效率（Pareto efficiency）是新古典经济学关于经济效率理论的最重要的一个概念，它是在 20 世纪初期由意大利著名经济学家、洛桑学派的代表人物维弗雷多·帕累托（Vilfredo Pareto）在《政治经济学讲义》一书中提出来的，其定义为："对于经济资源的某种配置状态，如果不存在任何其它可行的资源配置方案使得该社会中所有的人至少和他们在初始时的情况一样良好，而且至少有一个人的情况比初始时更好，那么这个资源配置状态就是最优的。"[①] 这种理想的资源配置状态被新古典经济学家视为帕累托效率的最优状态，如果某种资源配置状态不是帕累托最优的，那么就存在着至少一种资源配置方案在不使其他人境况变坏的条件下，使得至少一个人的境况变得更好，这种资源配置效率的改善也被称作帕累托效率的改进。

尽管帕累托效率最优的概念比较通俗易懂，然而它对后来经济学理论的发展演化产生了极为深远的影响，许多经济学家沿着帕累托的路径对资源配置效率进行了深入的分析和探讨。如美国经济学

---

① 参见帕累托《政治经济学讲义》高等教育出版社，1954 年版。

家肯尼思·阿罗（Kenneth Arrow）与罗拉尔·德布鲁（Gerard Debreu）在《市场竞争中均衡的存在性》一书中利用严格的数学公式证明了福利经济学的两个重要定理：在一个完全竞争的市场经济中，市场竞争的均衡结果是具有帕累托效率的，该结论为福利经济学第一定理；在完全竞争的市场条件下，如果消费者的偏好是凸显的，那么每一种帕累托有效率配置都有可能是一个市场竞争均衡，此结论为福利经济学第二定理。鉴于帕累托效率改进的条件相对比较严格，英国经济学家、新剑桥学派的代表人物 N. 卡尔多（Kaldor, 1939）在《经济学福利命题与个人之间的效用比较》一文中指出，在市场经济环境中，产品的价格总是在变化着的，价格的波动很有可能使得一部分人的福利遭受损害，而使得另一部分人的福利受益，只要是福利受益的数额足够大，能够超过福利受损的数额，那么从整个社会的角度来看，总的社会福利水平是增加的，因而对整个社会是有利的。而英国经济学家、一般均衡理论的创始人约翰·希克斯（John Hicks, 1939）认为，卡尔多的福利补偿原则不够完善，只是一种短期、虚拟的补偿，应该从长期来考察整个社会的福利水平，如果从长期来看某项政府政策措施的实施有助于提高整个社会的生产效率，那么即使在短期内有些人的福利水平出现了暂时的降低，在经过一定时间政府政策措施产生实效之后，整个社会中所有人的福利水平都会"自然而然"地获得提高。从总体上看，卡尔多和希克斯的效率理论是一脉相承的，是一个有机的整体，因此他们的理论也被后人合称为卡尔多—希克斯效率理论（Karldor Hicks Principle）。[①] 按照帕累托效率改进的标准，只要有一个人的福利受到损害，政府的政策措施就不应该实施；卡尔多和希克斯则拓宽了帕累托效率改进的严格条件，认为只要某项政策实施之后，整个社会的福利水平高于原先的福利水平，那么政府就可以实施该项政策措施。因此，从这个意义上讲，卡尔多—希克斯效

[①] 百度百科：《卡尔多—希克斯效率》。

率理论不仅具备较高的理论价值，也为政府干预市场经济提供了重要的理论支撑，具备较高的实践价值。

二 "X 非效率"理论

在经济社会中，存在着一些较为明显的企业"非效率"问题，如企业管理者一味求全求大而忽视企业所有者的利益，企业管理者过度追求奢华舒适的办公条件而铺张浪费，企业管理者收入过高侵蚀企业的总利润等等。为了对这些现象进行深入的经济分析，新古典经济学的帕累托效率理论也比较关注企业"非效率"（Inefficiency）问题生产的原因：一是企业处于生产可能性边界的内侧、没有达到生产可能性边界而导致的"非效率"状态；二是企业的资源配置没有达到最优状态而导致的"非效率"状态。但是，新古典经济学的帕累托效率理论认为企业的"非效率"状态只是暂时的、不稳定的，追求利润最大化的企业会充分利用帕累托效率的改进使企业从不稳定的"非效率"状态逐渐过渡到较为稳定的"效率"状态，并使之常态化。同时，新古典经济学的帕累托效率理论主要是研究企业内部资源配置的效率问题，而对于企业间的效率差异产生的原因和企业与消费者之间的资源配置问题却缺乏较为深入的研究。

针对新古典经济学帕累托效率问题研究中所存在的问题，许多经济学家试图构建新的经济理论框架来完善对效率理论的研究。美国哈佛大学哈维·勒伯斯坦（Harvey Leibenstein，1996）教授在《配置效率与"X 非效率"》一文中首次提出了"X 非效率"的概念。与新古典经济学所认为企业"非效率"是暂时的、非稳定的状态不同，勒伯斯坦认为"非效率"是企业和其它经济组织内部存在的客观现实，是可以在较长的时间内存在的，并且他将这种来源不明的低效率称之为"X 非效率"。同时，"X 非效率"理论认为，经济主体并非新古典经济学所认为的那样是经济理性的，而是具有非理性的本我功能与理性的超我功能双重人格，经济主体究竟是展现出本我功能还是超我功能，取决于经济主体所处的外部环境：当经济主体面临较大的外部压力时，就会展现出较多的超我功能，是经济理性的；当经济主体没有太大的外部压力时，就会展现出较大的本我功能，是经济非理性的。同样，企业是否会存在着"X非效率"现象，取决于企业所处的外部环境：如果企业面对的是完全竞争式的市场环境，强大的外部竞争压力会促使企业尽可能地降低生产成本，提高其资源配置效率；而如果企业自身具有垄断市场的力量，在没有外部竞争压力的环境下，企业员工从上至下就会产生惰性，长此以往惰性养成习惯就会导致企业的"X非效率"现象。

"X非效率"理论还认为，企业并不是一个封闭的"黑箱"，是由众多个具有自身利益的经济主体组成的经济组织。基于以上认识，一些学者深入地总结归纳了造成"X非效率"问题的主要原因。一是企业决策层面的"X非效率"问题。在现代企业制度中，数量众多且分散的股东只是企业的名义上的所有者，除了对关系公司长远发展的战略性问题拥有投票决策权外，他们并不直接参与企业的日常经营管理，他们关心的重点是企业的利润和股息收入；被企业雇佣的经营管理阶层掌控着企业的日常经营管理，企业经理层关注的重点在于企业的规模、自身的薪金报酬、办公条件的舒适程度等等，企业经营管理阶层与股东的利益取向和价值取向在一程度上是相互背离的，这在一定程度上会导致企业成本增加、生产效率下降，造成"X非效率"问题。二是企业中下层的"X非效率"问题。在具有垄断性质的大企业中，企业的利润与员工的劳动生产效率之间的关系并不十分清晰，在缺乏外部竞争压力时，要想提高企业生产效率只有两种办法，或者提高工资水平激励员工努力工作，或者是招募更多的员工，然而企业不论采取上述哪种方式提高劳动生产率，都会导致企业的生产成本上升和企业生产效率的下降，从而导致"X非效率"问题。三是信息传递失真造成的"X非效率"问题。随着企业经营规模的扩大，企业的管理层次越来越多、管理难度不断增加，企业内部上下级之间需要传递的信息和指令也会成倍地增加，各个管理层次出于自身部门利益考虑，很可能按照自己的利益取向把上级部门的信息和指令传递给下一级，也有可能按照自己的利益取向把下级部门的意见反馈给上级部门，信息难以快速和准确地在上下级部门之间顺畅传递，造成了信息和指令传递的失真，从而产生因为信息传递失真而造成的"X非效率"问题。与新古典经济学把企业视为"黑箱"不同，"X非效率"理论深入到了企业内部，从产业组织的视角研究了企业的效率问题，详细分析了企业"X非效率"问题普遍存在的诸多深层次原因，"X非效率"的结论更加符合我们对现实经济世界的理解和认识，也为如何提高企业的生产效率提供了具有较强针对性的政策建议。

三 新制度经济学的经济效率理论

与"X非效率"理论一样，新制度经济学派也对新古典经济学忽视企业组织内部行为的分析持批判的态度，他们也认为，企业"非效率"的原因相对比较复杂，并不仅仅源于企业资源配置的低效率，而且企业的"非效率"很有可能在一段较长的时间内存在。但是与"X非效率"理论从修正经济人理性假设的视角来审视企业长时间内低效率的解释不同，新制度经济学从交易成本、产权理论等视角重新对企业低效率的原因进行了阐述。一是企业员工的机会主义倾向。道德风险和委托代理问题是机会主义倾向的主要表现，企业员工在进行经济决策时，为了维护自身的利益往往会采取机会主义行为，故意隐瞒自身的相关信息、降低自身努力的程度甚至于从事一些损害他人利益的行为，从而导致企业的低效率。二是劳动监管的困难。在企业团队生产过程中，由于劳动监督管理和报酬计量上的困难，难以直接实现个人的努力程度与其报酬相挂钩，这就直接影响团队成员的努力程度，导致企业员工采取偷懒和搭便车等行为。三是信息不对称。企业经营规模越大，管理层次就越多，企业上下层之间的信息不对称和传递失真的可能性就越大，导致企业的低效率。

除了对新古典经济学效率理论的缺陷进行了修正之外，新制度经济学还提出了自己学派的经济效率理论，即适应性效率理论（adaptive efficiency）。适应性效率理论是美国新制度经济学家、1993年诺贝尔经济学奖获得者道格拉斯·诺斯（Douglass C. North）教授提出来的重要理论之一。适应性效率理论认为，制度规则在社会中起着基础性的作用，是决定长期经济绩效的根本性因素，随着时间的变迁，无效率、低效率的制度会被逐步地淘汰和抛弃，具有较高适应性、高效率的制度在竞争过程中会保留下来，因此所谓的适应性就是指制度规则的演进对经济发展的适应性。

诺斯教授认为适应性效率主要来源于以下两个方面：一是组织的创新能力，在经济社会变迁的过程中，经济组织或者经济主体在平常的经济活动中会根据经济环境的变化对制度规则进行调整修正，提高制度规则的适应性；经济组织也会不断演化发展来适应经济环境。二是决策的分散化。在一个不确定的社会里，想提前知晓我们所碰到的困难的应对策略是不可能的，必须鼓励进行各种形式的试验、实验和创新，这种分散化的决策才有可能提出各种解决困难的策略，才能彻底解决该问题；分散化的决策有助于各种形式的冒险和创新，也利于从失败中吸取经验教训，进行制度规则的创新以及淘汰低效率的制度规则。相比较于新古典经济学静态的资源配置效率，适应性效率理论从动态的视角研究制度规则演化对经济效率的决定作用，是对经济效率理论的重大创新与发展。

四 奥地利学派的"动态效率"理论

"静态效率"（Static efficiency）是新古典经济效率理论研究的重点内容，其研究的特点是或者在给定投入的条件下求最大的产出，或者在给定产出的条件下求最小的投入，研究的主要内容是如何高效地利用现有的稀缺资源，避免现有稀缺资源的浪费。西班牙经济学家、奥地利学派的代表人物赫苏斯·德索托（J. Huerta de

Soto）教授认为，如果只是利用"静态标准"对一个企业、经济组织或者经济制度进行效率评价，那么影响该企业、经济组织或者经济制度长远发展的"动态效率"就被完全无视了。

与"静态效率"理论强调高效率的利用稀缺资源不同，"动态效率"（Dynamic efficiency）理论认为，在经济发展过程中，稀缺资源的浪费、低效率使用的现象的存在的一定程度上是不可避免的，具有一定的合理性，更为重要的是如何创造出更多的新的资源。从长期内看，在市场经济制度条件下，充分发挥企业家的才能，利用企业家的创新精神和协调能力能够使新的目标和新的手段不断地出现，"这些目的和手段，在它们被企业家发现之前，甚至是想象不到的"。在一个社会中，无论是一个企业、经济组织还是经济制度，只要是人的创造精神和协调能力能够得到充分的发挥，那么这个企业、经济组织或者经济制度就会充满活力和创造力，能够实现可持续的发展。与追求"最大化"的"静态效率"相比，"动态效率"理论创新和发展了奥地利学派所宣扬的有关企业家精神的理论，更加符合现实世界发展的情景，具有较强的现实操作性和指导性，为我们理解和评价经济组织、经济制度提供一个崭新的分析视角。

第三节 本章小结

本章首先主要介绍了规模经济理论，在规模经济理论中重点介绍了古典经济学的规模经济理论、新古典经济学的规模经济理论和新制度经济学的规模经济理论，通过对上述不同学派规模经济理论的回顾，有助于我们对"不同经营规模农户"的认识和理解，应该明确的是，农户本质上也属于一种企业组织的形式，具有企业规模经营的一些共性特征，农户既面临着家庭内部的分工协作，也面临着与家庭外部其他经济主体的分工协作，同时，农户的规模经营也应该是有边界的，规模不能过于庞大，其规模大小同样应该取决于市场的交易费用和家庭农业生产管理成本的权衡。随后本章在生产效率理论中重点介绍了帕累托效率理论、"X非效率"理论、新制度经济学的经济效率理论和奥地利学派的"动态效率"理论，通过对上述不同学派生产效率理论的回顾，也使我们认识到，农户在从事农业生产时也可能面临着"X非效率"现象，要采取措施激励农业从业者的积极性和主动性，我们在研究农户"静态效率"的同时，也不忽视对农户"动态效率"的研究。

第四章 不同经营规模农户生产特征的比较分析

有效率的组织是经济增长的关键，种粮大户、家庭农场等规模经营农户作为当前正在快速发展的新型农业经营主体，在组织治理结构、经济行为动机、行为特征等属性都与传统意义上的较小规模农户存在着较为显著的差异。

第一节 不同经营规模农户在组织治理结构上的差异

一 农业生产活动对农业生产组织治理结构的要求

从经济学的视角看，组织治理结构是关于组织控制权和剩余索取权分配的一整套制度性安排，组织治理结构直接关系到组织目标的确定、组织由谁控制、如何组织生产和分配收益等重要问题，是组织制度的核心要素。科学有效的组织治理结构必须符合所在行业的生产特性。不同于工业生产活动，农业生产活动有其自身的特性，这就对农业生产组织的治理结构提出了较高的要求。

（1）农业生产组织必须要有较强的风险承担能力。从某种程度上讲，农业生产的过程就是与自然条件进行博弈的过程，这就决定了农业生产对土壤、雨量、气候条以及生态环境等自然条件有很强的依赖性，容易受到洪涝、干旱、低温冷害、冰雹、病虫害等自然灾害的影响，自然灾害给农业生产造成的直接影响就是农作物的减产减收甚至绝产。实际上，农业生产受到自然风险和市场风险的双重制约，农产品的市场风险主要集中在以下两点：农产品经常因需求弹性小而供给弹性大引起市场价格剧烈波动造成"谷贱伤农"的现象；蔬菜、鱼类等很多农产品都属于鲜活农产品，容易腐烂、不耐储存、不易运输，如果在短期内无法出售，将给农业生产者造成较大的经济损失。因此，农业产业是一个典型的高风险、弱质产业，整个农业生产过程都面临着许多难以预测的风险和不确定性。农业生产的这种高风险性和不确定特性要求农业生产组织必须具有更强的抗风险能力。

（2）农业生产组织必须具有有效的监督激励机制。农作物的生长、发育、成熟和繁殖等一系列生命活动都受制于一定的温度、光照、水分、养分等自然条件并遵循一定的生命发育规律，因而农业的生产具有一定的周期性和季节性。以小麦生产为例，需要经历发芽、出苗、分蘖、拔节、挑旗、抽穗、开花、授粉、生胚、灌浆、成熟等不同的生长发育阶段，生产周期最短也要 100 天左右。农业生产通常需要长达数月甚至数年的生产周期，这就决定了农业生产者必须结合农作物的生长特点，在农作物的不同生长阶段及时地进行劳动投入，而劳动者付出的全部劳动将最后体现在农作物的产量上，而不可能像在制造业中那样，分别计量和监督生产过程各个环节上劳动者付出的有效劳动的劳动数量、劳动强度和劳动质量。正如林毅夫所指出的："由于生产过程的随机性影响，就不可能简单地通过观察产出来决定每个人的贡献。要保住充分的工作绩效，就必须对生产的每一阶段提供密切的监督。"而由于农业空间分布太广，劳动工种繁多、作业分散、季节差别大，使得对农业生产中劳动努力程度的监督变得十分困难，监督成本也极为高昂。农业生产的长周期性要求农业生产组织或者组织内部要有有效的监督激励机制或者采取一定的措施降低劳动监督的成本。

（3）农业生产组织必须要有较强的主动性和灵活性。农业生产是在一定的自然条件下，利用动植物的生命力以获得人类生活所必需的食物和其他物质资料的经济活动。农业生产的最终效果取决于动植物、自然环境和农业生产者劳动之间互动的效果，由于动植物生命的连续性、不可逆性和农业生产条件经常发生变化，农业生产组织的责任心、主动性和灵活性在其中发挥着决定性的作用，农业生产组织必须根据农作物的生长发育规律，对农业生产中出现的温度、湿度和其它气候问题的改变随时随地做出灵活的反应和快速的行动，对所有可能出现的问题做出事前预防，否则即使农业生产环节中的一个问题没有得到有效的处理，也有可能影响动植物下一阶段的成长，引起一系列的连锁反应，甚至造成无法挽回的损失，直接影响到动植物的最终产量。但是，要保证农业生产组织这种较强的主动性和灵活性，必须确保农业生产组织的经济利益与动植物的最终产量保持高度一致。

二　不同经营规模农户在组织治理结构上的共同优势

（一）家庭的性质分析

作为人类社会生产生活的基本细胞，家庭是心灵的港湾，是个人的最终归宿，是人类最重要、最核心的经济社会组织和精神家园，是一个以成员共同利益为宗旨、以婚姻、血缘和亲缘关系为主要纽带的生活共同体。普通的家庭一般由父母、子女和其它有亲缘关系的人组成，现代社会家庭成员一般较少，他们之间包含着较为亲密的、心心相印的、充满爱和亲情的情感关系，在家庭中他们共同生活，有着较为频繁的互动，日常生活中相互照料，互帮互助，在情感上他们之间拥有夫妻感情、父母子女感情、兄弟姐妹感情、爷（奶）孙情感等等，依靠这些情感互相沟通、依靠、慰藉和寄托；同其他社会组织一样，家庭也是一个具有等级结构的组织，不同的家庭成员在家庭内部有不同的身份地位，拥有不同的权利义务，家庭一般都有一个掌握较大权利的核心人物，他（或者她）为了实现家庭利益的最大化，会通过各种经济的、强制的手段对其他家庭成员的行为进行管理调控；家庭还是一个具有规则规范的组织，每个家庭成员都必须遵循基本的家庭生活规则、行为规范，虽然这些行为规则可能没有以书面的形式规定出来，也相对比较宽松，但是如果有家庭成员严重违反了这些行为规则，就会受到家庭中核心人物或者家庭中其它成员的警告或者惩罚。

家庭作为一种社会组织，一般具有以下基本功能：（1）家庭的人口生产功能。人口生产功能是家庭最基本、最重要的功能，是人类种族延续的保障，直接制约到人类社会的生存与发展，家庭的人口生产功能具体包括以下几种功能：一是家庭的生育功能，即家庭生儿育女的功能；二是家庭的抚育功能，即把家庭儿女养大成人，成为一名合格的社会成员；三是家庭的赡养功能，即对年迈的父母进行照顾和养育的功能。（2）家庭的经济生产功能。家庭作为一种经济组织，必须为其家庭成员提供满足其衣、食、住、行、用等方面的物质资料，而为了满足家庭成员所员的这些需求，家庭必须组织家庭成员从事生产经营活动。（3）家庭的消费功能。家庭为家庭成员提供包括物质资料、精神文化和劳务服务等方面的消费。

与其他市场经济组织相比，家庭组织还具备其一项独特的性质：家庭成员的"利他主义"倾向，这是与理性经济人假设相反的。理性经济人假设是西方经济理论分析人类行为的一个基本假设，该假设认为，每一个从事经济决策的人都是行为理性的，都是利己的，在做出经济决策之前会权衡决策的利弊得失，总是试图以最小的付出获得最大化的收益，以达到经济利益最大化的目的。但是美国诺贝尔经济学奖获得者加里·贝克尔（Gary S. Becker）却认为，与理性经济人都是利己的假设相反，家庭成员具有"利他主义"倾向。在贝克尔之前，家庭一直是社会学家关注的领域，依赖、忠诚、情感与爱等家庭生活是社会学研究的重点领域，经济学研究则较少涉及到家庭领域。1981年，贝克尔出版了有关家庭问题研究的具有划时代意义的著作《家庭论》，在书中他成功地运用新古典经济学的分析范式深入探讨了家庭这类非市场经济组织的经济行为和非经济行为，他认为家庭内部成员之间具有的"利他主义"行为倾向是家庭组织的本质性经济特征,即只要家庭中拥有一定权威的家长具有"利他主义"的行为倾向,能够足够关心关爱家庭中的每一位成员,那么即使存在着具有自私自利倾向的家庭成员,其行为也会受到家长"利他主义"行为倾向的影响,进行决策时会从整个家庭的效用函数最大化的角度来选择自己的行为方式,像关爱自己一样关爱家庭里的其他成员,从而实现自身行为对其它家庭成员"外部影响的内部化",间接地提高整个家庭成员的福利效用水平。

(二)农业"家庭经营"的优势

从组织治理结构上讲,较小规模农户与较大规模农户同样是以包括血缘、感情、婚姻伦理在内的家庭经营为主,家庭"天然为低"的管理成本有效地适应了农业生产的上述三大特性。以"利他主义"为特征、以共同利益为宗旨、以婚姻和血缘关系为纽带的家庭,作为一种农业生产组织形式,具有以下三个方面的优势。

(1)家庭经营能够有效地降低农业生产的监督管理成本。美国经济学家和社会学家曼瑟尔·奥尔森(Mancur Lloyd Olson,1964)在《集体行动的逻辑》一书中指出:"除非一个集体中人数很少或者除非存在强制或其他某种特殊手段使个人按照集体的共同利益行事,否则有理性的、寻求自我利益的个人不会采取行动去实现他们共同的和集体的利益。"个人行为的理性往往会导致集体行为的非理性,奥尔森通过上述这句话深刻指出了集体行动的困难,并提出了组织如何促进集体行动的对策建设。而不可思议的是,家庭恰恰具有了奥尔森所说的组织特性,有足够的激励机制促进家庭成员按照家庭利益最大化的方式进行经济行动:一般来说,家庭成员人数较少,而且他们之间特有的血缘、亲缘关系和共同的目标函数,使得家庭成员之间具有利益上的一致性和强烈的凝聚力,导致他们在农业生产过程中很少会发生偷懒耍滑、出工不出力等机会主义行为,即使某些家庭成员偶尔出现上述行为,由于家庭成员之间信息充分、知根知底,家长和其他家庭成员很容易发现这些机会主义行为，并采取适当惩罚措施来纠正这些机会主义行为。因此，家庭经营生产过程中的劳动监督成本和组织成本比较低。

（2）家庭经营能够有效地降低农业生产决策成本。在农业生产过程中，家长具有绝对的领导权威，能够提高生产决策速度，降低决策成本，提高决策效率；扁平化的组织结构可以使内部信息沟通顺畅，信息的传递极为快捷，遇到问题可以得到及时化解，从而使决策执行灵活快速。

（3）家庭经营具备较强的抗风险能力。家庭是一个持续运行的动态系统，是一个集经济功能、生养功能、情感功能、教育功能等诸多功能于一体的社会基本经济单位，具有持久的稳定性和家庭成员间利益的一致性，使得家庭成员对农业生产中外界自然环境的细微变化都具有天然的敏感性，做出及时有效地反应，能够减少农业风险发生的概率和降低因农业风险所造成的损失程度。

三 不同经营规模农户在组织治理结构上的差异

有效率的组织治理结构能够在较大程度上降低各利益相关主体的交易成本，提高组织治理效率，从而实现各利益相关主体的治理收益最大化和治理成本最小化。组织的治理效率可以分为内部治理效率和外部治理效率。组织内部治理效率是指组织在完善内部治理结构、建立激励约束机制、提高管理水平的基础上形成正确决策、纠正错误决策而形成的经济效率；外部治理效率是指组织通过与市场中的相关利益主体实现有效地合作、博弈而形成的经济效率。

（一）从内部治理效率来看。现代管理理论认为，在等级制的基础上提高组织内部的分工专业化是实现组织内部效率最大化的重要手段。虽然较小规模农户和较大规模农户都是以家长为权威的家庭经营为组织基础，能够有效地降低组织内部的监管成本、决策成本从而提高组织的内部治理效率，但是他们组织内部的分工专业化水平却存在着较大的差异。

（1）在自然经济时代，作为家庭组织与农业生产经营组织的统一体，传统的较小规模农户主要由租种地主阶级土地的佃农与拥有小块土地和少量农业生产资料的自耕农组成，他们生活水准大多处于温饱甚至贫困阶段，求生存是他们的第一选择，而且当时交通通讯条件较差严重限制了他们的生产生活半径，他们主要在村庄附近熟人社会圈内生产生活，整体上处于保守、封闭、分散、孤立的状态，商品化市场化程度都很低，在市场上主要购买一些诸如油盐酱醋、针头线脑之类的生活必需品，生产出来的大部分农产品以满足自己的家庭消费为主要目的而不是用于市场交换，过着一种自给自足、精耕细作的简单生活。在农业生产中，传统的较小规模农户很少有超越家庭的分工协作，家庭组织内部只是呈现比较原始的分工协作状态，基本上是基于家庭内的性别关系所进行"你耕田来我织布"式简单而自然的分工，外面的农业田间生产劳动主要由男人来完成，家庭内部女人主要从事家务和纺织等活动，农业内部分工协作程度较低，几乎不具备内部治理效率。

（2）在市场经济发展时代，与传统的自耕农相比，现代较小规模农户的生产生活已经发生了根本性的重大改变，他们的生活水准早已跨过生存温饱阶段正在步入小康的阶段，交通通讯条件的改善使他们的生活半径得到了极大的拓展，使得他们早已跨越村庄的界限，由熟人社会进入到陌生人社会，参与产品市场和要素市场分工的程度也已经大大加深，生产出来的农产品大部分是用于市场交换而不是用于满足自家消费。超越家庭的分工也越来越普遍，更重要的是，家庭组织内部的分工水平大大得到提高，不但继承发展了以往的基于家庭内性别关系而进行的分工，女人留在农村从事农业生产活动，男人到非农产业打工贴补生活，还出现了不同于以往的基于家庭内部代际关系而进行的分工，年轻的一代出去打工挣钱，年老的一代留守在农村从事农业生产活动。同时，农业内部的分工协作程度也发生了较大程度的提高，为了弥补农忙时劳动力的不足，一些现代较小规模农户经常到市场上临时雇佣劳动力帮忙从事农业生产活动，在耕地、耙地、播种、收获等环节也越来越多的雇佣农机服务。但是，现代较小规模农户因为土地经营规模过小，或者导致家庭劳动力在农业内部无法实现充分就业，难以进行专业化分工，或者导致将低质劳动力配置到农业，难以实现劳动、土地、资本和技术的有效配置，难以有效提高家庭组织内部的分工专业化水平，从而农业组织内部治理效率难以得到有效提高。

（3）像种粮大户、家庭农场等新型农业规模经营主体，土地经营规模大、经济实力较强，基本上家庭劳动力在农业内部就可以实现较为充分的就业，能够把优质劳动力资源留在农业内部，也可以实现具有不同性别、不同年龄、不同体力的家庭成员的有效分工合作，比如一些搬运农业生产资料、农产品等需要耗费较大体力的农活，一些驾驶农机、使用现代生产要素等具有较高技术含量的农活可以主要由年轻力壮、文化程度较高的家庭成员来做，一些需要经验判断的农活、一些拔草灌溉等不太耗费体力的农活可以由年纪较大或者体力较弱的家庭成员来做，并且还可以在家庭劳动力不足的情况下，从市场上雇佣劳动力优化组织内部的分工水平，实现劳动、土地、资本和技术的优化配置，提高组织内部治理效率。

但是，有一点值得注意，农业的经营规模并非是越大越好，必须与当地农村劳动力转移速度、土地资源禀赋、现有农业技术装备水平与配套农业社会服务体系相匹配。尽管进入新世纪以来，我国城镇化已经取得了十分巨大的发展成就，城镇化率由2000年的36.2%急剧增长到2015年的56.1%，平均每年增长1.33%，但是我国约有13.68亿人口（2015），人口基数非常庞大，仍有近6亿人口生活在农村，以农业为生。如果农户的经营规模过大，动辄成千上万亩，农户经营上稍有不慎，他们所面临的自然风险、市场风险、技术风险和政策风险便会大大地增加，给农户的规模经营带来较大的威胁和压力，甚至有可能导致农业规模经营的破产；同时，农业经营规模过大必然会对原来土地上工作的农民产生挤出效应，严重影响到农村人口的就业。

更为关键的是，如果农户的经营规模过大，超过其家庭成员自

第四章 不同经营规模农户生产特征的比较分析

身的农业生产经营能力，那么此时农户将会面临以下两种选择。一是继续依靠家庭成员自身经营，在这种情况下，家庭成员为完成农业生产任务，往往会疲于奔命，无法对农业生产进行精耕细作而只能采取粗放式耕作方式，难以实现劳动、土地、资本、技术等要素的有效配置，那么将会大大影响家庭的内部治理效率。二是雇佣雇工与家庭成员一起经营，如果在雇工的数量较少、以家庭成员劳动为主、雇工劳动为辅的情况下，家庭成员能够对雇工的生产活动进行有效地监督，那么适度的雇工经营可以促进家庭内部治理效率的提高；但是如果在雇工的数量较多、以雇工劳动为主、家庭成员劳动为辅的情况下，一方面当前我国人力成本大幅攀升，如果雇佣较多的雇工从事农业经营，必然会抬高农业生产成本，特别是在粮食这种利润微薄、自然风险和市场风险都较大的弱质产业，可能会导致农业经营的失败，另一方面，家庭成员可能无法有效地对雇工的农业生产活动进行有效的监督，那么雇工很有可能会产生偷懒耍滑等机会主义行为，降低家庭的内部治理效率。

如重庆永川区石对窝村村民梁自然就是因农业经营规模过大而导致经营失败的典型案例。梁自然在外出打工赚得"第一桶金"之后回乡创业，2003年成立了一家稻米加工厂，然而令他苦恼的是从千家万户收购的稻米质量参差不齐，加工后难以卖出好价格。为了保障稻米原料的来源，2009年他租赁了周边村镇10000多亩稻田，成为当时重庆市最大的"粮食生产大王"。梁自然为水稻生产设计了完整的集约化方案，建立了15个劳务合作社和1个农机服务队，统一了生产资料的供应和水稻生产的田间管理，并聘请了8名农业生产专家指导水稻生产。然而由于农村劳动力特别是青壮年劳动力短缺，雇工成本大幅上涨，使得梁自然亩均生产成本高达1400元，当年就亏损了50多万。于是2011年梁自然缩减租地面积至2900亩，然而却接连遭遇冻害、旱情等自然灾害，水稻减产率超过了30%，不但无法支付土地的租金，还拖欠20多万雇工工资和生产资料款。到2012年，梁自然已经亏损了200多万元，无奈之下只能退出水稻生产。①

（二）从外部治理效率来看。在与其他利益相关主体博弈时，较小规模农户由于缺乏影响市场的力量而处于弱势的地位，而较大规模农户则在要素市场和农产品市场都具有一定的影响力，在与市场上的其他相关利益主体进行博弈时具有较强的讨价还价能力，因而拥有较高的外部治理效率。

（1）较小规模农户在与其他相关利益主体博弈时处于弱势地位，外部治理效率不高。对于较小规模农户来说，他们大多文化程度低，生产规模小，经济实力较弱，整体上处于一种分散、封闭的状态，组织性程度比较低，难以快捷有效的搜寻全面而真实的市场信息，而且在对所搜集到的市场信息的有效性进行甄别时也面临着较高的成本费用，在要素市场和产品市场上都以近乎单打独斗的状态与其他有组织、信息灵通的相关利益主体进行博弈。双方的市场力量严重地不对等，较小规模农户处于"信息劣势"和"组织劣势"的绝对弱势地位，同时由于购买或者销售的产品数量较少，缺乏市场影响力，无法左右产品的市场价格，只能消极被动地接受市场上的价格，外部治理效率不高。

一是在化肥、农药、种子等农业生产要素市场上，较小规模农户无法与农资经销商抗衡。较小规模农户在与农资经销商打交道时面临着高昂的交易成本，经常处于完全的信息不对称状态，无法准确的了解所要购买的化肥、农药、种子等农业生产资料的市场信息和科技含量，也无法把握生产要素的价格，常常发生较小规模农户花了高价购买了劣质的化肥、农药、种子，给农业生产造成了较大的经济损失。

二是在农产品销售市场上，较小规模农户的利润常常被农产品收购商所挤占。较小规模农户大多销售渠道狭窄，交易手段落后，

---

① 李松：《重庆万亩"粮王"规模化经营碰壁 年年亏损致破产》，《半月谈》2015年2月9日。

销售产品数量少并且多为没有经过加工的初级农产品，在与几乎处于绝对垄断地位的农产品收购商博弈时毫无市场地位可言，受到一级又一级的农产品收购商的层层盘剥。在这种情况下，较小规模农户根本无法分享农产品研发、育种、加工、销售等产业链上的价值增值，而这些环节是农产品产业链上主要的价值增值环节，因此较小规模农户所能获益的农业生产种植环节的利润只占到整个产业链价值增值非常小的一部分，然而就是这一部分农产品生产环节的利润，也常常被凭借垄断地位的农产品收购商给无情地挤占了，这就导致了在农业产业链上各相关利益主体价值增值分配的严重不平等、不公平。

三是在与各级政府进行博弈时，较小规模农户无法影响到政府政策的制定与实施。较小规模农户组织化率仍然不高，截至到2013年12月，加入到农民合作社的农户有7400万户，但是仅仅占到全国农户数的25%左右，还有相当数量庞大的较小规模农户没有参加农民合作社，而且中国农业大学教授何秀荣认为大约有80%的农民合作社或者是为了套取国家的财政资金，或者是地方政府出于政绩需要成立的，基本上是形同虚设，根本无法起到带动农户的作用。正是由于较小规模农户的组织化程度低，根本形不成压力集团，无法对政府的农业政策产生实质上的影响力。

（2）较大规模农户在与其他利益相关主体博弈时具有一定的市场影响力，外部治理效率较高。相比较于较小规模农户，较大规模农户大多文化程度较高，生产经营规模较大，经济实力较强，对与农产品相关的市场信息和政策信息具有强烈的关注度，并且人脉关系和社会资源都比较广，获取有效的市场信息和政策信息的渠道来源比较通畅，销售的农产品或者购买的农业生产资料均具有一定的规模，在与其他相关利益主体博弈时具备较强的市场谈判地位。

一是在化肥、农药、种子等生产要素购买市场上，较大规模农户将会成为农业生产资料经销商家争夺的焦点和服务的重点。与较小规模农户相比，较大规模农户的农资需求有其自身的独特特点，其农资需求量较大，一次性需要购置数量较大的农资产品，更需要规格大、包装大和专业组合的农资产品，具有较强的市场谈判能力；较大规模农户为追求利润最大化，会对农资的购买设置较为严格的成本控制，对于高效、药效时间长、低残留的农资有更高的偏好；较大规模农户不仅需要农资经销商的农资产品，更需要农资经销商的相关配套服务，如提供科技含量高的农资新产品、为较大规模农户的农作物提供诊病服务、运输农资产品等，同时较大规模农户会通盘考虑农作物的生产经营管理，希望能够提前做好疫情的预防工作，这更需要农资经销商的服务；较大规模农户为了提高收益降低成本，会通过互联网、参加各级农资大会等各种渠道了解农业生产资料的相关信息，比较熟悉各种农资的情况，在选购农资时也会货比三家。作为农资市场上的优质超级客户，较大规模农户自然会成为农资经销商们所追逐的重要目标，为了取得与较大规模农户长期、稳定的合作关系获得更高的收益，农资经销商之间会进行激烈的市场竞争，为较大规模农户提供各种形式的促销打折优惠服务，针对较大规模农户农资需求的特点构建相应的营销网络服务。因此，与较小规模农户与农资经销商之间是近乎多对一的关系相比，较大规模农户与农资经销商之间的关系近乎一对多，所以拥有更多的选择集合和挑选余地，在市场上具备更高的谈判地位。

二是在农产品销售市场上，较大规模农户可以获取更高的利润。与较小规模农户相比，较大规模农户的生产规模较大，可以销售的农产品数量也大，很多较大规模农户采取了标准化生产方式，生产出了绿色、有机、生态、高效、质量安全的农产品，为自己生产的农产品注册商标和品牌，提高了农产品的附加值，占领了农产品生产的高端市场；许多较大规模农户拓展了其生产经营范围，延长了农业产业链条，如很多较大规模农户以农业生产为依托大力发展了休闲观光采摘农业，在让消费者充分体验农业生产乐趣、农业生态文化的同时提高了农产品的附加值，很多较大规模农户以所生产的农产品为原料开展了净化、包装、分类等农产品初级加工，甚至有些较大规模农户开展农产品的深加工，获得了农产品加工环节的利润；较大规模农户销售农产品的渠道相对比较通畅，可以把农产品销售给普通的收购商，也可以交给农民合作社来销售，也可以把农产品直接销售给农业企业，在原有传统销售渠道的基础上，随着网络信息技术的日益发展，较大规模农户也开始通过电子商务、QQ、淘宝、微信、微博等网络平台销售农产品以获取营销环节的收益。

三是在与政府进行博弈时，较大规模农户可以享受许多政策优惠。作为新型农业经营主体，较大规模农户的发展壮大自然受到各级政府的重视，甚至有些政府把较大规模农户的发展作为地方官员政绩考核的目标，针对较大规模农户发展中存在的问题出台大量的政策措施。在涉农财政政策方面，各级政府通过直接补助、以奖代补、项目扶持、贷款贴息等方式，给予较大规模农户优先安排农业综合开发、农田水利建设、土地整治、农村道路建设等项目，支持较大规模农户开展农产品质量安全认证、品牌建设、农业生产基础设施建设、农机购置补贴、种苗繁育、加工储运、市场营销等；在金融保险政策方面，各级政府通过创新农村金融产品和服务方式、设立较大规模农户发展基金、创新担保保险方式、贷款贴息等方式扶持较大规模农户发展；在土地流转方面，各级政府健全了土地流转服务体系，鼓励土地向较大规模农户流转，给予较大规模农户；在人才政策方面，各级政府各种类别的农村人才培训工程都向较大规模农户倾斜，优先培训较大规模农户主，并采取政策吸引大中专大学投身较大规模农户事业。

第二节　不同经营规模农户在经济行为动机上的差异

行为动机是驱使决策人从事各种经济活动的内在原因，是决策人为了达到一定目标所展现出的意愿和内在动力。在其他外部条件相同的情况下，行为主体性质的差异直接决定着其行为动机的差异。为了准确区分较大规模农户与较小规模农户在行为动机上的差异，有必要对长期以来富有争议的较小规模农户的行为动机进行深入的分析。

国外关于小农经济性质的争论已经持续了数百年之久，初步形成了三大理论流派：以舒尔茨为代表的"理性小农"理论、以切亚诺夫为代表的"道义小农"理论和以马克思为代表的"剥削小农"理论。（1）"理性小农"理论。美国著名经济学家诺贝尔奖金获得者西奥多·舒尔茨（Schultz, 1964）在其经典著作《改造传统农业》一书中以危地马拉和印度的小农为例，对"传统农业生产要素配置无效率"的观点进行了驳斥，他沿用西方新古典经济理论中理性人的假设认为，在传统农业中，小农并非人们心目中所想的那样是懒惰、愚昧、毫无进取精神的，而是与资本主义企业一样为实现经济利益最大化做出理性选择的决策人，能够在既定的约束条件下，实现现有劳动、土地、资本等农业生产要素的良好组合，正如他在书中所提到的，农民已经用尽了在当前的技术条件下所有可能的生产潜力，即使他们对所使用的生产要素优化配置以及促进储蓄投资的增长也无法提高农业效率。因此，舒尔茨提出改造传统农业的应对策略是引入现代农业生产要素，并且教育、培训农民进行人力资本投资使农民可以有效地使用现代农业生产要素。（2）"道义小农"理论。前苏联经济学家、"组织—生产"学派的主要理论家切亚诺夫（Chayanovan, 1923）在《农民经济组织》一书中以20世纪20年代俄国革命之前的小农经济为研究对象，从微观层面对小农家庭经济的运行机理进行了静态分析，他基于边际主义的"劳动—消费均衡论"和生物学规律的"家庭周期说"认为，俄国的小农家庭经济关于劳动、土地、资本等农业生产要素的组合，是迥异于以雇佣劳动为基础的资本资本主义大农场的，与资本主义大农场雇佣劳动的平衡点（劳动的边际投入等于劳动的边际产出）不同，小农家庭经济的劳动投入取决于家庭消费对劳动者的要求和当时的农业生产力水平，农民劳动自我开发程度是由农民主观感受到的"劳动辛劳的程度"与农产品产量增加所带来的满足感之间的均衡来决定。因此,切亚诺夫得出结论认为,与资本主义大农场目标是追求利润最大化不同,小农家庭经济的行为动机是满足其家庭消费的需要。美国著名学者斯科特(Scott,1976)沿袭切亚诺夫的研究思路指出,小农家庭经济在"避免风险"和"生存第一"的压力下,他们并不是片面的追求利润最大化,而是存在着互惠和道义的原则。(3)"剥削小农"理论。马克思基于无产阶级和资产阶级斗争的理论分析了小农家庭经济的性质,他认为小农家庭是以"保守""自私""落后""规模小"为特征的,是小块土地的拥有者或者租赁者,但是这块土地小于以全家的力量所能耕种的面积,往往也不足以养家糊口,虽然他们人数众多,但是他们在社会阶级中是被压迫和剥削的。

在国内,学者们依托中国小农经济的丰富实践,借助于国外经典的小农经济理论,对我国小农家庭经济的性质进行了深入的探讨。如著名学者黄宗智(1985)的《华北的小农经济与社会变迁》一书在总结上述三大理论流派的基础上指出,"理性小农""道义小农""剥削小农"这三大理论流派都具有其一定的合理性,能解释特定状态下的小农行为,但是小农这三个方面的性质是密不可分的统一体,三大理论流派只是各自反映了这个统一体的一个侧面,无法对处于急剧变革中的中国较小规模农户的性质做出较为合理的解释。黄宗智通过对20世纪30年代中国华北地区小农的历史资料进行深入研究,提出了中国传统小农内卷化的概念,即小农边际产出小于边际投入并且劳动的边际报酬已经很低的情况,由于小农户家庭劳动力缺少向非农产业转移的机会,从而使得劳动力的机会成本极低,为了获取哪怕十分微薄的收入,小农户家庭仍然会不计成本继续向土地投入精耕细作的劳动,实际上是"没有发展的增长"。徐勇、邓大才(2006)也在对经典小农理论进行深入分析的基础上,系统性地提出了对当前中国小农的动机和行为具有更强解释力的社会化小农理论,他们认为,与传统的自给自足的、处于封闭状态的小农不同，现代小农户家庭愈来愈被广泛和深入的卷入到一个高度开放、流动、分化的社会中，社会化开始成为小农户家庭经济生产、生活的重要标签，然而社会化在给小农家庭经济生产、生活注入新的活力同时，也给他们带来了新的压力，使他们的生活面临着更大的风险和不确定性，这种风险和不确性给他们带来了货币化的压力，其结果是小农家庭经济围绕着货币而开展，其行为动机是货币收入最大化，以缓解生产生活社会化带来的现金支出压力，而非像理性经济人那样追求利润最大化。

与较小规模农户一样，社会化也是较大规模农户的特征之一，较大规模农户农业生产的产前、产中、产后各个环节都离不开社会化的支持，产前环节较大规模农户需要从外面市场上购买化肥、农药、种子等农业生产资料，产中环节需要从社会上购买机耕、机播、机收、病虫害防治、雇佣劳动力、技术指导等服务，产后环节需要从社会上购买运输、烘干、加工、销售等服务。与较小规模农户相比，较大规模农户由于经营规模较大、经济实力较强、融资渠道比较宽（相比较较小规模农户、正规金融更偏好向较大规模农户贷款，可以向亲戚朋友借款，甚至购买社会化服务时也可以暂时性的赊账、欠账等），虽然社会化是较大规模农户的特征之一，但是社会化没有给较大规模农户带来过大的现金支出压力，所以可以说社会化是较大规模农户的特征之一，但不是其最主要最关键的特征。相比较于大部分较小规模农户的兼业化经营而言，大部分较大规模农户都是把从事农业生产作为一项职业和一项事业来经营，其绝大部分收入也来源于农场的生产经营，因此其行为动机不会像较小规模农户那样追求货币收入最大化，而是以追求利润最大化为目的的，他们往往会详细记录每一笔开支、每一笔收入，按照边际收入等于边际成本的成本效益核算方式对农业生产经营进行核算，成为一个以企业经营的理念来经营农场、自主经营、自负盈亏、自我发展、自我约束的现代农业经济组织，较大规模农户更加具有市场意识、现代经营管理意识和风险防范意识，对农业生产新技术、新品种、新设备、新管理等现代生产要素的需求更加强烈，较大规模农户可以通过适度规模经营，以边际成本递减的方式使用先进的生产技术和管理方式，提高农业生产的社会化分工和专业化水平，使生产要素的投入水平达到最佳组合，降低农业经营的生产成本和交易成本，发挥出农业生产的规模经济效应，不仅可以把土地产出率尽可能提高到最佳，也可以兼顾到劳动产出率的均衡提高，以实现劳动、土地、资本、技术等生产要素的优化配置和更新来达到最佳效益。

第三节　不同经营规模农户在行为特征上的差异

一　与较小规模农户兼业经营相比，较大规模农户从事农业专业化经营

关于专业化生产与经济增长之间的关系，很早就受到了经济学家们的关注。英国古典经济学亚当·斯密（1776）在其经典著作《国民财富的性质和原因的研究》开创性的探讨了经济增长的原因，他利用著名的制针的例子说明专业化和分工的发展是国民经济增长的源泉，他指出在当时的生产力水平下，如果一个没有受到相关制针培训的工人要独自完成制针的任务，那么即使他全力工作，可能一天连一根针也制作不出来，但是制针流程被分解成18道工序并且不同的工序有不同的工人专业完成后，劳动生产率就可以大大得到提高，平均每个工人每天可以制针4800根。然而，在此后很长一段时间里，分工专业化理论都为主流经济学理论所忽视，直到1928年美国经济学家阿林·杨格（Allyn Abbott Young）提出迂回生产理论，对斯密的分工理论进行了创新式的发展，全面阐述了市场规模与分工专业化的关系。20世纪90年代以来，以澳大利亚华人杨小凯为代表的经济学家继承和发扬了亚当·斯密和阿林·杨格的分工思想，对古典微观经济学理论进行了拓展，突破了传统的纯消费者与纯生产者之两分的经济学框架，以博弈论、交易成本经

济学和信息经济学为基础,沿着发展动态经济学和非线性动态经济学的思路,创立了新兴古典经济学的全新框架,将专业化经济和分工纳入了经济学的核心地位。杨小凯等人从内生绝对优势与外生比较优势的角度指出,分工专业化提高了社会掌握知识的能力,从而提高了整个社会的生产总量,并解释了专业化的熟能生巧在提高劳动生产率方面的重要作用。

与工业经济一样,专业化同样是农业经济增长的源泉。然而,较小规模农户的兼业化经营影响了农村劳动力生产效率的提高,制约了农村经济的增长。长期以来,耕地少、人口多一直都是我国农业农村发展所面临最大的国情,根据《2014年中国统计年鉴》,2013年全国耕地面积为20.27亿亩,农民人均耕地面积为2亩左右,户均耕地面积不到8亩。就业乃是民生之本,在当前我国农业生产水平较高的情况下,规模如此小的户均耕地面积难以容纳家庭成员充分就业,即农民在农业内部无法实现充分就业,获得较高的收入;2013年农民人均家庭经营收入3793元,而农民人均消费支出6625元,如果农户单纯依靠农业经营的话,农民家庭就会出现入不敷出的情况,无法维持整个家庭经济的运转,难以过上较为体面的生活。因此,在较小规模农户占主导的农业经营模式下,较小规模农户单纯依靠从事农业经营,在农业内部无法实现充分就业,家庭经济日常的消费也难以持续。在我国城镇化、工业化的大潮下,因为生计所迫较小规模农户只能背井离乡到城镇从事非农活动赚钱养家糊口。但是外出打工的农民大多文化程度较低,技能水平也不高,据国家统计局发布的《2014年全国农民工监测调查报告》显示,2014年全国农民工总数为2.73亿人,77.2%的外出农民工只具有初中及以下文化程度,68%的农民工没有接受到相应的技能培训。[①] 农民工综合素质总体偏低使得他们可以选择就业范围比较狭窄,主要集中在建筑、冶金、住宿餐饮、化工、煤炭、批发零

---

① 数据引用自国家统计局网站论文《2014年全国农民工监测调查报告》。

第四章　不同经营规模农户生产特征的比较分析

售、纺织、机械等行业，这些行业大多以体力劳动为主，劳动强度大、工作环境艰苦、技术含量低，收入水平不高，他们大多属于非正规就业，只有少部分人与用工单位签订就业合同，大多数只是口头协议，而且就业也不稳定，工作流动性比较大。更为关键的是，在当前中国城乡分割的二元经济社会体制条件下，农民工在城镇融入方面仍旧面临很多障碍，如农民工难以享受到城镇的基本公共服务，普遍存在着农民工子女上学难、农民工就医难等问题，而且有些城市户籍制度限制严格，农民工一般情况下很难加入当地户籍。因此，农民工在城镇打工既难以实现较为稳定的就业，取得在城镇足以维持生活的收入，也无法享受到城镇的基本公共服务融入城镇。在这种十分尴尬的局面下，较小规模农户无论是单靠从事农业生产经营还是单靠离开农业到城镇打工都无法维持较为体面的生活，因此他们理性的选择就是依靠"农业+外出打工"两条拐杖来维持生计，导致中国农村社会整体上进入了一种所谓的"制度化的半工半耕的小农经济形态"，农业经营主体的兼业化、低质化趋势愈发严重，农业生产一线精壮劳动力严重匮乏，劳动生产率难以得到提高。据有关统计资料显示，举家外出的农民工只有0.35亿人，剩下87%的农民家庭或多或少地从事着农业兼业化经营；在2013年农民人均纯收入结构中，工资性收入（占总收入的比重为45.3%）首次超过家庭经营纯收入（占总收入的比重为42.6%），这说明农民兼业化程度越来越严重，农业生产在较小规模农户中的作用和经济地位日益被削弱，农业经济增长受到限制。

相比较于较小规模农户，较大规模农户生产经营规模较大、经济实力较强，家庭成员在农业内部就可以实现较为充分的就业。以较大规模农户——家庭农场为例，根据农业部《2014年全国家庭农场监测报告》，全国家庭农场平均经营土地面积334.17亩，其中种植业家庭农场平均经营土地面积367.5亩，粮食类家庭农场平均经营面积428.8亩，每个家庭农场平均拥有3.73个自有劳动力，在当前的生产力水平和科技条件下，单靠家庭农场平均3个~4个的自有劳动力，根本无法耕种300亩~400亩的耕地面积，因此家庭农场成员完全可以在农业内部实现充分就业，同时为了弥补家庭农场劳动力的不足，大部分家庭还从社会上雇佣了一些劳动力，2014年每个家庭农场平均雇佣3.09个劳动力。家庭农场成员不但可以在农业内部实现充分就业，而且家庭农场的收入也足以支撑整个家庭经济的运转，使他们过上比较体面地生活。从家庭净收入看，2014年全国家庭农场平均净收入为18.65万元，其中种植业家庭农场平均净收入为17.3万元，粮食类家庭农场平均净收入为18.23万元；① 而根据西南财经大学中国家庭金融调查与研究中心（CHFS）与中国农业银行战略规划部发布的数据显示，2013年中国农民家庭总收入平均值为3.66万元，② 家庭农场的平均收入水平要远远高于一般的较小规模农户。从人均净收入看，2014年全国家庭农场自有劳动力的年均净收入为5.98万元；而国家统计局发布的《2014年全国农民工监测调查报告》中的数据显示，2014年外出农民工人均月收入2864元，年均收入3.44万元。显然，家庭农场自有劳动力的年均净收入远高于外出农民工的年均打工收入，高出2.54万元。国家统计局发布的《2014年城镇单位就业人员平均工资数据》中的数据显示，2014年城镇单位就业人员年平均工资4.99万元，其中，城镇非私营单位就业人员年均平均工资5.63万元，城镇私营单位就业人员年均平均工资3.64万元。显然，家庭农场自有劳动力的年均净收入高于城镇单位就业人员的年均工资，高出0.99万元；远高于城镇私营单位就业人员的年平均工资，高出2.34万元；稍高于城镇非私营单位就业人员的年平均工资，高出0.35万元。因此，家庭农场等较大规模农户经营规模大、收入水平高，足以使得家庭农场的成员安心的专业化从事农业

---

① 数据来源于笔者参与的《2014年全国家庭农场监测报告》。
② 汪伟：《中国农村家庭均收入3.66万 1成负债家庭资不抵债》，网易财经，2014年4月20日。

生产经营，从而使农村劳动力素质得到快速提高，极大地带动农村经济的增长。

二　与较小规模农户相比，较大规模农户农产品质量意识更高

近些年来，我国农产品质量安全问题频频发生，三聚氰胺奶粉、毒豇豆、毒韭菜、毒生姜、瘦肉精等一系列重大食品安全事件层出不穷，引起了国内消费者的极大关注。民以食为天，这些农产品质量安全事件不仅严重损害了广大人民群众的身体健康和生命安全，也对我国的经济发展和社会稳定造成了比较严重的影响。导致农产品质量安全问题的原因比较复杂，如果在农产品的生产、加工、运输、仓储和销售等任一环节处理不当，都有可能造成农产品质量安全出现问题。其中，农产品的生产环节是农产品质量控制的源头，对农产品质量安全起着至关重要的作用，在农业生产源头如果农产品质量处理不当，即使以后的诸多环节处理的非常完善，农产品质量安全问题也难以避免。在农产品的生产环节，农产品质量安全的关键是要控制住化肥、农药、饲料、激素等农业生产资料投入的安全问题。

在较小规模农户占主导的农业经营模式下，成千上万的较小规模农户分散经营，独立进行生产决策，确保农业投入品安全的难度极大，非常不利于统一农产品的质量。一般情况下，在农业生产的过程中，较小规模农户难以有效获得科学的生产知识和技术指导服务，无法清楚地了解农药、化肥和添加剂等要素的合适使用剂量，对农药、化肥和添加剂等要素超标使用造成的危害也模糊不清，特别在农作物田间管理过程中面对病虫害时，基本是主要依靠以往的耕作经验和观察主观甚至当时的心情决定使用农药等要素剂量的大小。然而，如果较小规模农户喷洒的农药没有取得预期理想的效果，病虫害仍然没有得到有效地控制，较小规模农户往往会不知所措，为了减少农产品的产量损失、实现农作物产量的最大化，他们会倾向于使用新的烈性农药或者加大剂量重复使用农药，"以病试药"已经成为农业生产经营中较为普遍的现象，从而很有可能导致农作物的农药残留超标。同时，在农产品的销售过程中，收购商所关注的重点在于农产品的大小、新鲜度、色泽等可以直接观察到的外观属性，而对那些无法直接观察到的诸如化肥、农药、饲料和重金属残留等内在属性，由于检测成本较高或者难以大批量检测，销售商常常没有办法检测，也不愿意检测，并且在大多数情况下往往他们并不在意上述内在属性。而且，即使农产品在消费的过程中被发现存在农产品质量安全问题，因为同类农产品供给者的数量及其庞大，造成农产品质量安全问题的单个较小规模农户也非常难以被追溯到，更别说追究其责任，因此在几乎无安全责任的情况下，较小规模农户明显缺乏应有的激励约束机制来保证自己所生产的农产品质量安全。在这种情况下，我国农业已经形成了典型的"大水、大肥、大药"高消耗高投入的生产模式，单位面积化肥、农药的使用量比国外发达国家高出15%~20%，而其有效使用效率只有35%左右，比国外发达国家低15%~20%。[1] 化肥、农药等生产要素高强度、低效率的施用，不但提升了农业的生产成本，降低我国农业的竞争力，而且造成了较为严重的土壤板结退化，水体遭受到了比较严重的污染，农产品农药残留和重金属含量超标已经成为严重的生态问题，中国农业的面源污染和生态恶化正在演变成为越来越突出的环境问题。

相比较于较小规模农户，在一个区域范围内，较大规模农户的生产经营规模较大、人数较少，他们往往都是各级政府农业生产技术、农业田间管理等培训的重点，在遭遇病虫害等农业生产的难题时，他们也更容易得到各级政府农业技术人员或者农业生产资料经销商的帮助和指导，特别是较大规模农户经营规模大，在使用农药化肥等生产资料时会充分考虑成本收益问题，因此会

---

[1] 金煜：《中国种粮成本增加农药使用率比发达国家高出15%》，《新京报》2014年11月8日。

在技术人员的指导下合理有效的使用化肥农药等使其发挥出最大的效益而不会像较小规模农户为了追求产量的最大化不计成本的投入化肥农药。而且在当前消费者日益重视农产品质量安全、甚至会不惜以较高的价格购买质量安全的农产品的情况下，追求利润最大化的动机会更加激励较大规模农户转变农业生产方式，由原先的单纯追求农产品数量向质量和数量并重转变，由单纯注重经济效益向生态和效益转变，生产出品质优良、生态安全的农产品。例如，有些较大规模农户彻底颠覆了传统的农业种植模式，他们放弃使用工业生产出来的化肥、农药等影响农产品质量安全的农业生产资料，转而使用土家肥等有机肥料、利用生物技术防治病虫害等较为生态绿色的方式从事农业标准化生产；有些较大规模农户利用"畜牧养殖——粪便生产沼气——沼渣沼液还田种粮种菜种果树""利用秸秆生物反应堆种菜种果树种茶"等农业生产新模式，打造了完整的生态循环农业产业链，实现了农业生产的微循环，不但大大降低了农业生产成本，而且充分的实现了农业的生态环境保护，保障了农产品的质量安全；有些较大规模农户构建了农产品质量安全追溯体系，详细搜集和记录了从农产品生产的源头到加工最后到销售等整个产业链农产品的生长情况、种子化肥农药等使用情况、加工情况、销售情况，实现了农产品供应链每个环节都有记录、可以查询农产品相关信息、跟踪农产品的具体流向、出现问题可以直接追究相关负责人责任，能够及时召回有问题的农产品，增强农产品生产的透明度，切实保障了农产品的质量安全；有些较大规模农户通过改变农产品的销售方式、注册农产品的品牌等方式直接提高了农产品的附加值，与较小规模农户向规模小的批发商销售农产品不同，较大规模农户产量大、产品质量好，可以较为稳定的向超市直接供应农产品，也可以通过社区农业等方式向固定的农产品订购者提供农产品，也可以通过互联网向范围更广的消费者提供质量高的农产品。

三 与较小规模农户相比，较大规模农户更加具备合作意识

作为农户在农村家庭承包经营基础上的一种制度创新，农民合作社是农户之间自愿联合形成的、以提高其组织成员的经济利益为目的的一种现代农业经营组织，是农民组织起来对抗工商资本的市场垄断、有效降低进入市场交易费用的制度安排，也是发展现代农业、提升农业产业化发展水平、增强农产品市场竞争力的有效手段。虽然我国各级政府已经充分意识到农民合作社对农村经济发展的重要作用，并且利用财政、金融等种种的优惠政策措施促进农民合作社的发展壮大，然而从总体上讲，当前我国农民合作社的发展仍处于初级阶段，发展不平衡、经济规模小、综合实力较弱、服务能力较差，特别是有大量的农民合作社处于不规范运作的状态，主要表现为：有些合作社内部治理机制不完善，个别管理人员往往一家独大，普通参社农民既无法了解、也无法参与农民合作社的经营管理，更无法从农民合作社的发展中获益，纯粹沦为部分农民合作社管理谋取个人利益的工具；有些农民合作社有名无实，自成立之初就没有正常运转过，其成立的目的在于套取政府的财政资金扶持，根本起不到带动农村经济发展的作用。以全国农民合作社发展形势最好的山东省为例，截至 2014 年年底，山东省依法成立的农民合作社数量为 13 万家，拥有 224.5 万个农民合作社社员，注册资本金达 2805 亿元，以上数据连续多年都处于全国第一位，然而根据抽样调查显示，山东省只有 20%~30% 的农民合作社真正在发挥着合作经营的功能，剩下的 70%~80% 的农民合作社属于典型的空壳合作社，甚至有些农民合作社成立之后就没有开展过任何活动，只是徒有虚名，而有些合作社在实地抽样调查中已经销声匿迹。

为什么对农民有利的合作制度在现实生活中难以得到顺畅的发展呢？实际上，历史上众多学者基于实证考察已经得出结论认为，从本质上讲，小规模农民是善分不善合的。如马克思（1852）在

第四章 不同经营规模农户生产特征的比较分析

《路易·波拿巴的雾月十八日》一文中指出，小农虽然人数众多，但是"就像一袋马铃薯"，形不成具有统一利益的阶层；① 梁启超（1902—1906）认为，中国人"公共观念缺乏，不能群"，② 孙中山（1912）认为，中国人虽有四万万之众，但就像"一盘散沙"，毫无凝聚力；③ 晏阳初认为，农民存在着"愚、穷、弱、私"等四大缺点。④ 针对较小规模农户的合作意识淡漠问题，著名农村经济研究专家曹锦清教授（2000）在《黄河边的中国》一书中也做出了影响深远的阐述："中国农民的天然弱点在于不善合。他们只知道自己的眼前利益，但看不到长远利益。更看不到在长远利益基础上形成的各农户间的共同利益。因为看不到共同利益，所以不能在平等协商基础上建立起超家庭的各种形式的经济联合体。或者说，村民间的共同利益在客观上是存在的，但在主观上并不存在。"⑤ 曹锦清教授的这段话貌似有道理，然而实际上，并不是农民只看到眼前利益而看不到长远的收益，原因在于合作行为与其他经济行为一样是有成本收益的，虽然从长远来看，合作行为所带来的的总收益要远远大于合作行为所需要付出的成本，但是对于单个分散的较小规模农户来讲，独立承担合作成本却要大于合作所带来的收益，此时单个较小规模农户理性的选择是自己搭便车享受他人组织合作的收益，由其他人承担合作行为的成本，正是单个个体的经济理性导致集体的经济非理性，从而使合作行为陷入"囚徒困境"，合作行为难以达成，因此一味指责农民不理性、善分不善合是不合乎逻辑的，农民并非没有合作的愿望，而是无法支付达成合作的成本，达成合作的能力比较弱；即使有人出于公心或者在外界力量的扶持

---

① 《马克思恩格斯全集》第8卷，第117—227页。
② 梁启超：《新民说》，《上海中华书局出版》1936年版。
③ 《孙中山选集》，北京：人民出版社1981年版，第100页。
④ 中国平民教育促进会定县工作大纲：《晏阳初文集》，教育科学出版社1988年版，第55页。
⑤ 曹锦清：《黄河边的中国》，上海文艺出版社2013年版，第191页—192页。

下，愿意承担合作行为的成本领头成立了农民合作社，但是由于较小规模农户的生产经营规模过小，从合作行为中获取的收益过小，对其生产生活状态难以产生本质性的影响，在这种情况下较小规模农户往往也不愿参与合作社的集体行动。于是，其造成的后果就是，分散化和原子化的较小规模农户在市场上势单力薄，既无法发展具有较高科技含量、需要具备一定土地规模和需要较大投入的现代农业，也无力与农业产业化龙头企业等其它强势农业经营主体进行抗衡，在市场上没有经济地位，缺乏市场价格谈判的筹码，难以分享整个农业产业链上的收益，造成较小规模农户市场交易成本高、市场风险大，受到其他强势农业经营主体的剥削，无法有效维护自身经济利益。

相比较于较小规模农户，较大规模农户经营规模大，即使是单位土地面积成本的少量降低或者单位土地面积收益的少量增加，都会给较大规模农户的总收入带来较大的变化，从长远来看与其他农业经营主体进行合作将会给较大规模农户带来更大的利益，因而较大规模农户具有强烈的联合和合作的需求；而且较大规模农户大多综合经济实力较强、人力资本水平和社会资本水平都比较高，既可以以较大规模农户为依托形成较强的向心力，而且也有经济能力支付达成联合和合作所需要的投入。因此，较大规模农户不但有较为强烈的合作意愿，而且具备达成合作意愿的能力，使得较大规模农户领导较小规模农户或者较大规模农户之间联合起来成立农民合作社变得更加可行，以此来共同抵御风险、降低农业生产的成本、提高农业生产的效率，并且联合起来形成强大的市场主体，提高他们市场交易中的谈判地位，强化其对抗农业龙头企业的市场博弈力量，改变其在市场上的弱势地位，形成对农民更为有利的市场价格，在整个农业产业链上获取更大的收益。预计在未来一段时间内随着种粮大户、家庭农场等一批较大规模农户的日益发展壮大，以较大规模农户为组织核心组建农民合作社将会成为我国农业发展的一个崭新趋势，农民合作社发展的"春天"即将到来。

四 与较小规模农户相比，较大规模农户更需要农业社会化服务

农业社会化服务是指由各级政府部门、农民合作社、农业龙头企业、村集体组织以及其它像供销社、邮政储蓄等一些盈利性组织为农业生产提供的贯穿于产前、产中、产后各个环节的综合配套服务。根据为农民所提供服务的内容，可以将农业社会化服务分为以下几类：化肥种子农药农膜等农业生产资料供应服务、农产品销售服务、农产品加工服务、农产品仓储运输服务、农业科技服务、农业信息服务、农业融资服务、农业保险服务、施肥服务、病虫害防治服务、农机维修服务、机收机耕机播等、农产品包装、运输服务等等。发展壮大农业社会化服务体系，对于提高农民组织化程度、强化农民对抗市场风险和自然风险的能力、发展现代农业、转变农业发展方式、增加农业的国际竞争力以及带动农村经济发展等都具有十分重要的现实意义。

总的来说，近些年来我国农业社会服务呈现出快速发展的势头，服务体系日益健全，农民合作社、农业龙头企业以及供销社等组织对农业发展的服务支撑作用日益明显，服务内容越来越专业化，极大地促进了我国农业经济的转型升级。以农业机械化服务为例，我国农业机械化实现了快速发展的良好态势，截至2014年年底，各种类型的农业机械专业合作社已经达到4.74万家，农机具拥有量达315.3万台（套），超过4500万余农户得到农机合作社的服务，经营活动总收入达到757亿元，社均收入达到168万元。[①] 2014年耕种收综合机械化水平超过61%，彻底颠覆了数千年来中国农民"面朝黄土背朝天"的耕作方式，显著地降低了人力劳动的强度，将农民从繁重的体力劳动中解放了出来。其重要意义不仅

[①] 农业部农机化管理司：《2014年全国农机合作社发展情况综述》，《农博网》2015年1月6日。

在于农业机械对人工劳动的简单替代,其更深层次的功能在于推动了农业生产的标准化、规模化和产业化,显著地提高了农业生产的效率,进而提升了农业的综合生产能力。据有关资料显示,与手工劳动相比,农业机械施肥能够节省30%~50%的化肥用量,用性能优良的植保机械喷洒农药能够节省30%~40%的农药用量。[①]

近十年来,随着我国农业社会化服务体系的快速发展,较小规模农户在农业生产的诸多环节越来越多地开始使用农业社会化服务,特别是在上面所提到的农业机械化作业方面。然而,较小规模农户土地经营规模小,地块较为分散、零碎,使用农业社会化服务的成本相对较高,从中获取的直接收益并不是特别明显,"增收节支"的效果亦十分有限;此外,从节约农业生产成本的角度出发,较小规模农户更倾向于自己动手、丰衣足食,比如在整地、播种、施肥、病虫害防治、运输、晾晒等众多较小规模农户力所能及的农业生产环节中,较小规模农户认为既然这些农活自己都能干,如果再花钱使用社会化服务的话就太不合算,于是在农业生产过程中较小规模农户亲力亲为的现象仍然普遍存在。从上可以看出,较小规模农户从农业社会化服务得到的收益十分有限,虽然使用社会化服务能够降低较小规模农户的劳动辛苦程度,但是同时也增加了他们的农业生产成本支出。因此,较小规模农户对农业社会化服务的需求并不十分强烈,大多只是简单替代辛苦劳动的较低层次、部分农业生产环节的需求,而对于农业科技服务、测土配方施肥等较高层次的以及成套的农业社会化服务需求则相对不高。

相比于较小规模农户,较大规模农户生产规模较大、自有劳动力不足,基于分工的生产专业性较强,农业生产产前、产中、产后各个环节之间的联系也非常紧密,即使较大规模农户在部分生产环节全靠家庭自有劳动力和少量雇佣劳动力,那么农业生产的劳动量和劳动强度将会非常大,劳动时间也会非常长,将在很大程度上影

---

① 张宝文:《论中国特色的农业机械化道路》,《农民日报》2007年6月12日。

响农业的生产效率。因此，与较小规模农户相比，较大规模农户更加迫切需要农业生产产前、产中、产后每个环节全程化的农业社会化服务，比如在提高土壤肥力环节需要深松、化肥深施、秸秆还田等服务，在栽培种植环节需要精量播种、植保等服务，在田间管理环节需要病虫害防治等服务，在节水灌溉环节需要覆膜保水和灌溉、秸秆覆盖等服务，在收获环节需要收割、脱粒、烘干等服务。较大规模农户作为规模经营主体，耕地规模大、成方连片、品种相对比较单一，能够在较大程度上克服较小规模农户因耕地分散、地块狭小而无法发挥农业社会化服务优势的难题，可以大大提高农业社会化服务的使用效率。更为重要的是，在利润最大化动机的激励下，较大规模农户会结合自身的实际需求，不断改变传统的农业种植方式，按照专业化、社会化大生产的要求实现新品种、新技术等生产要素的优化配置和更新，而这些先进农业高新技术的推广应用需要较高技术水准的农业社会化服务组织来提供，因此较大规模农户对农业社会化服务需求的层次明显要高于较小规模农户。

五 与较小规模农户相比，较大规模农户更注重农业产业链的延伸

在现代经济学理论中，有一个著名的"微笑曲线"（Smiling Curve）理论：一般来说，产业的价值链主要由三个环节组成，即产品的研发设计、加工制造和市场物流营销。在这三个主要环节中，位于价值链两端的研发设计和物流销售环节的附加值最高，而处于价值链中间的生产制造环节的附加值则相对较低，从而形成了一条两头高、中间低的"微笑曲线"。因此，要想提高其产品附加值获得最高的经营利润，就要努力向"微笑曲线"的两端延伸。

对于大多数较小规模农户而言，他们收入的第一来源是打工收入而不是农业经营收入，并且随着农业机械化程度的快速发展，农民不需要投入太大的精力就可以完成农业生产，他们的主要精力也已经不全在农业之上，因此也不太注重农业产业链的延伸，大多都集中在农业生产环节。而对于较大规模农户而言，他们中有较大一部分来自于农机专业大户、农业生产资料经销商、农民合作社负责人、农产品加工销售商等等，他们本身就是先从事与农业生产相关的产业链上，在从事农业规模经营之后他们会更加重视农业产业链上农业附加值的创造，向"微笑曲线"的两端延伸；对于那些直接从事农业规模经营的农户而言，他们在通过农业规模经营取得一定的积蓄后，部分农户在国家农机补贴政策的鼓励下，购置了较为完备的农业机械设备，在完成自家农业生产的情况下，也为较小规模农户提供诸如机耕、机播、机收甚至烘干农产品等一系列的农业社会化服务，也开始向"微笑曲线"的两端延伸。

第四节 本章小结

从理论上讲，较大规模农户在组织治理结构、经济行为动机、行为特征等属性方面都与传统意义上的较小规模农户存在着较为显著的差异。组织治理结构可以分为组织内部治理结构和组织外部治理结构，从组织内部治理结构看，较小规模农户分工专业化水平较低，所以内部治理效率较低；虽然较大规模农户分工专业化水平较高，但是也必须保持适度规模经营，否则可能会因为经营规模过大超出家庭成员的经营能力范围和农业经营风险的增加而导致内部治理效率低下。从外部治理效率看，在与其他利益相关主体博弈时，较小规模农户由于缺乏影响市场的力量而处于弱势的地位，而较大规模农户则在要素市场和农产品市场都具有一定的影响力，在与市场上的其他相关利益主体进行博弈时具有较强的讨价还价能力，因而拥有较高的外部治理效率。农业生产的社会化给较小规模农户带来了新的压力，使他们的生活面临着更大的风险和不确定性，这种风险和不确性给他们带来了货币化的压力，其结果是较小规模农户家庭经济围绕着货币而开展，其行为动机是货币收入最大化，以缓解生产生活社会化带来的现金支出压力，而非像理性经济人那样追求利润最大化，因此，追求货币收入最大化是较小规模经营农户的主要行为动机；而较大规模农户是以边际成本等于边际收益的方式使用先进的生产技术和管理方式，提高农业生产的社会化分工和专业化水平，使生产要素的投入水平达到最佳组合，实现劳动、土地、资本、技术等生产要素的优化配置和更新来达到最佳效益，追求利润最大化是较大规模农户的行为动机。在行为特征上，与较小规模农户相比，较大规模农户农业专业化经营水平更高，农产品质量意识更高、更加具备合作意识、更需要农业社会化服务和更注重农业产业链的延伸。

第五章　不同经营规模农户的农业生产情况比较分析

为了对所调查的不同经营规模的样本农户进行较为科学合理的分组，本书重点考虑了以下两个方面的因素：一是农户土地经营规模的分布均衡性问题。考虑到当前我国农户户均耕地面积不足 8 亩，因此在农户土地经营规模开始扩大的初级阶段，土地经营规模边际上较小的变化都可能引起农户农业生产经营行为较大的改变；然而在当农户土地经营达到一定的规模时，土地规模较大的变化才会引起农户农业生产经营行为的改变。因此本书在对不同经营规模的样本农户进行分组时，初始是以较小的间距划分农户的组别，当农户耕地经营达到一定的规模时，相应的会以较大的间距对农户进行分组。二是样本个数的分布均衡性问题。当前小规模农户仍然是我国农业生产经营主体的主要组成部分，具有较大经营规模的农户在农业生产中仍然只占据较小的比例，因此在进行问卷调查的过程中较大经营规模农户的数据更难以获得，为了保证有些组别的样本农户个数不至于过少，本书重点考虑了不同经营规模的样本农户的分布均衡性问题。

基于以上两个方面因素的考虑，本书把不同经营规模的样本农户划分为以下 6 个组别，分别是耕种面积为 0 亩~20 亩的超小规模农户（不含 20 亩，以下以此类推）、耕种面积为 20 亩~40 亩的农户（含 20 亩，以下以此类推）、耕种面积为 40 亩~60 亩的农户、耕种面积为 60 亩~110 亩的农户、耕种面积为 110 亩~200 亩的农户和耕种面积 200 亩以上的大规模农户。需要重点指出的是，为了对不同规模农户的生产经营行为进行深入的探讨和研究上的便利，本书将耕种面积在 0 亩～60 亩的农户界定为较小规模农户，将耕种面积在 60 亩以上的农户界定为较大规模农户。从较小规模农户的分布情况看，耕种面积在 0 亩～60 亩的较小规模农户个数为 151 个，所占总样本的比重为 66.52%；其中，耕种面积为 0 亩～20 亩的超小规模农户个数为 74 个，所占比重为 32.60%，耕种面积为 20 亩～40 亩的较小规模农户个数为 38 个，所占比重为 16.74%，耕种面积为 40 亩～60 亩的较小规模农户个数为 39 个，所占比重为 17.18%；从较大规模农户的分布情况看，耕种面积在 60 亩以上的较大规模农户个数为 76 个，所占总样本的比重为 33.48%；其中，耕种面积为 60 亩～110 亩的农户个数为 23 个，所占比重为 10.13%，耕种面积为 110 亩～200 亩的农户个数为 26 个，所占比重为 11.45%，耕种面积为 200 亩以上的大规模农户个数为 27 个，所占比重为 11.89%。

表 5—1　　　　不同经营规模农户的个数和所占比例

	个数	所占比例
总体样本	227	100%
较小规模农户	151	66.52%
0 亩～20 亩	74	32.60%
20 亩～40 亩	38	16.74%
40 亩～60 亩	39	17.18%
较大规模农户	76	33.48%
60 亩～110 亩	23	10.13%
110 亩～200 亩	26	11.45%
200 亩以上	27	11.89%

图表标题

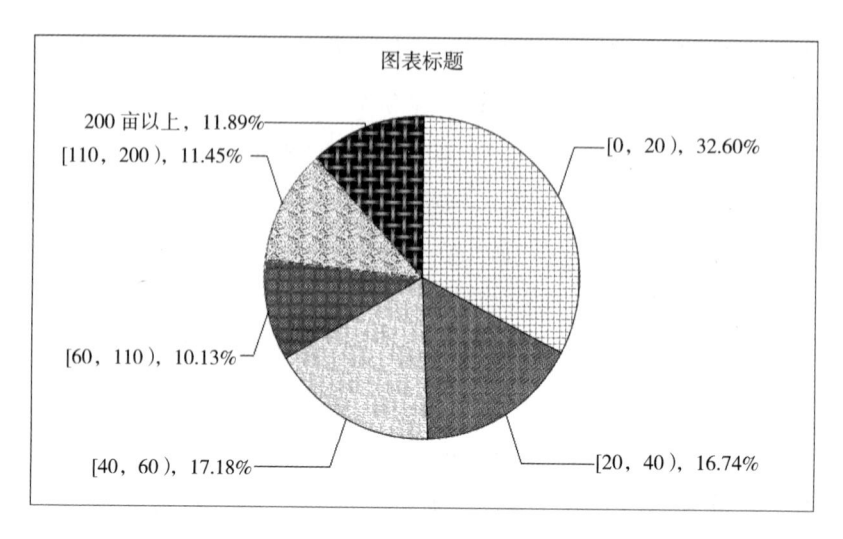

- [0, 20), 32.60%
- [20, 40), 16.74%
- [40, 60), 17.18%
- [60, 110), 10.13%
- [110, 200), 11.45%
- 200亩以上, 11.89%

图5—1 不同经营规模农户所占比例

第一节 不同经营规模农户的基本特征比较分析

一 不同经营规模农户的性别分布情况

从表5—2不同经营规模农户的性别分布情况看，其中户主为男性的农户个数为212户，占到总体样本的93.39%，户主为女性的农户个数为15户，所占比例为6.61%。在较小规模农户中，户主为男性的农户个数为142户，占户主为男性的农户比例为66.98%，户主为女性的农户个数为9户，占户主为女性的农户比例为60.00%；其中，耕种面积在0亩~20亩、20~40亩和40亩~60亩三个组别的较小规模农户户主为男性的个数分别为73个、32个和37个，所占比例分别为51.41%、22.54%和26.06%；耕种面积为在0亩~20亩、20~40亩和40亩~60亩三个组别的较小规模农户户主为女性的个数分别为1个、6个和2个，所占比例分别为11.11%、66.66%和22.22%。在较大规模农户中，户主为男性的农户个数为70户，占户主为男性的农户比例为33.02%，户主为女性的农户个数为6户，占户主为女性的农户比例为

40.00%；其中，耕种面积在 60 亩~110 亩、110 亩~200 亩和 200 亩以上三个组别的较大规模农户户主为男性的个数分别为 20 个、23 个和 27 个，所占比例分别为 28.57%、32.86% 和 38.57%；耕种面积在 60 亩~110 亩、110 亩~200 亩和 200 亩以上三个组别的较大规模农户户主为女性的个数分别为 3 个、3 个和 0 个，所占比例分别为 50.00%、50.00% 和 0.00%。

表 5—2　　　　不同经营规模农户户主性别分布情况

	男		女	
	个数	所占比例	个数	所占比例
总体样本	212	93.39%	15	6.61%
较小规模农户	142	66.98%	9	60%
0 亩~20 亩	73	51.41%	1	11.11%
20 亩~40 亩	32	22.54%	6	66.66%
40 亩~60 亩	37	26.06%	2	22.22%
较大规模农户	70	33.02%	6	40%
60 亩~110 亩	20	28.57%	3	50%
110 亩~200 亩	23	32.86%	3	50%
200 亩以上	27	38.57%	0	0.00%

二　不同经营规模农户的年龄分布情况比较分析

在当前我国"人多地少"的农业发展条件下，较小规模农户从事农业生产比较效益偏低，在农村难以维持体面的生活，因此随着我国城镇化和工业化进程的快速推进，越来越多的青壮年劳动力源源不断地从农村和农业转入到城镇和非农产业，从根本上改变了农业生产经营主体的整体年龄结构，使得农业生产中的老龄化问题越来越突出。与中青年农民相比，老年农民的知识、体力、生产方式和思维方式，越来越难以符合生态、高效、安全的现代农业发展的要求，严重影响了我国从传统农业向现代农业转型的进程，对农业生产效率也造成了较为严重的影响。其表现为，一是农业人口老龄化所造成的农业从业人员减少对农业产量的影响。根据陈锡文等（2011）的实证分析结果，2002年以后农业人口老龄化与农村劳动转移对农业产出造成比较显著的负面影响，1990年~2009年农业劳动投入指数年均下降2.26%。二是农业人口老龄化所造成的农业从业人员素质降低对农业新技术、新设备应用的影响。杨志海等（2014）利用DEA—Tobit模型实证分析了农业人口老龄化对农业生产技术效率的影响，研究结果发现，农业人口老龄化对农业综合技术效率有着显著的负面影响。

从表5—3和表5—4不同经营规模农户的年龄分布情况看，样本总体被调查农户户主的年龄最大为70岁，最小为20岁，平均年龄为48.4岁；其中，年龄在30岁以下农户户主所占的比例为2.20%，年龄在30岁~39岁之间所占的比例为8.37%，年龄在40岁~49岁之间所占的比例为44.93%，年龄在50岁~59岁之间所占的比例为38.33%，年龄在60岁以上所占的比例为6.17%。通过上述数据分析可以看出，年龄在50岁以上的农村劳动力仍然是农业生产经营的主体，所占比例为45%，而年龄在39岁以下的农村劳动力已经成为较为稀缺的资源，所占比例仅为10.57%，因此从某种意义上可以说当前我国的农业发展已经整体上步入了"老人农业"阶段。从较小规模农户的年龄分布看，耕种面积在0亩~20亩、20~40亩和40亩~60亩三个组别的较小规模农户户主平均年龄分别为48.9岁、49.4岁和49.9岁，样本中较小规模农户户主的平均年龄为49.4岁，接近50岁，在以生物技术、网络信息技术、高端科技为基础的现代农业的发展方面已经越来越力不从心，难以适应现代农业发展的较高要求；从较大规模农户的年龄分布看，耕种面积在60亩~110亩、110亩~200亩和200亩以上三个组别的较大规模农户平均年龄分别为47.3岁、46岁和46.8岁，样本中较大规模农户户主的平均年龄为46.7岁，比较小规模农户要年轻2.7岁。从年龄在30岁以下农户的比例来看，耕种面积在0亩~20亩、20亩~40亩和40亩~60亩三个组别的较小规模农户的比例分别为 1.35%、0.00% 和 0.00%,而耕种面积在 60 亩 ~110 亩、110 亩 ~200 亩和 200 亩以上三个组别的较大规模农户的比例分别为 4.35%、3.85% 和 7.41%。从年龄在 40 岁以下农户的比例来看,耕种面积在 0 亩 ~20 亩、20 亩 ~40 亩和 40 亩 ~60 亩三个组别的较小规模农户的比例分别为 6.76%、2.63% 和 7.69%,而耕种面积在 60 亩 ~110 亩、110 亩 ~200 亩和 200 亩以上三个组别的较大规模农户的比例分别为 17.39%、11.54% 和 25.93%,其比例明显要高于较小规模农户。从现代农业发展的较高要求来讲,年龄在 40 岁以下的农户是现代农业发展的主力军和生力军,从年龄在 30 岁以下比例和 40 岁以下的农户比例这两组数据看,较大经营规模的农户明显比较小规模农户更加具有吸引青壮年劳动力从事农业生产经营的能力。因此,通过上述数据分析可以看出,随着农业土地经营规模的日益扩大,农户的平均年龄整体上呈现逐步下降的趋势,较大规模农户主的平均年龄要比较小规模农户低,更能够吸引年富力强的农民留在农村、留在土地上从事规模经营,从而能够在较大程度上缓解农业生产所面临的老龄化问题,这些青壮年劳动力也是农村现代农业发展的希望所在和主要力量所在。

表 5—3　　　　不同经营规模农户的年龄分布情况

	平均年龄（岁）	30 岁以下个数	30 ~ 39 岁个数	40 ~ 49 岁个数	50 ~ 59 岁个数	60 岁以上个数
总体样本	48.43	5	19	102	87	14
较小规模农户	49.4	1	9	69	60	12
0 ~ 20 亩	48.9	1	5	38	22	8
20 ~ 40 亩	49.4	0	1	18	18	1
40 ~ 60 亩	49.9	0	3	13	20	3
较大规模农户	46.7	4	10	33	27	2
60 ~ 110 亩	47.3	1	3	8	10	1
110 ~ 200 亩	46	1	2	17	6	0
200 亩以上	46.8	2	5	8	11	1

表5—4　　　不同经营规模农户的年龄分布占比情况　　（单位:%）

	30岁以下占比	30~39岁占比	40~49岁占比	50~59岁占比	60岁以上占比
总体样本	2.20	8.37	44.93	38.33	6.17
较小规模农户	0.66	5.96	45.69	39.74	7.95
0~20亩	1.35	6.76	51.35	29.73	10.81
20~40亩	0.00	2.63	47.37	47.37	2.63
40~60亩	0.00	7.69	33.33	51.28	7.69
较大规模农户	5.26	13.16	43.42	35.52	2.63
60~110亩	4.35	13.04	34.78	43.48	4.35
110~200亩	3.85	7.69	65.38	23.08	0.00
200亩以上	7.41	18.52	29.63	40.74	3.70

三　不同经营规模农户的受教育程度情况比较分析

在当前我国快速推进的城镇化和工业化进程中，具有较高科技综合素质、较高文化程度、年纪较轻的农村劳动力更容易在城镇和非农产业找到合适的工作岗位，也更容易获得较高的收入水平，而科技综合素质较低、文化程度不高、年龄较大的农村劳动力则非常不容易在城镇和非农产业找到合适的就业岗位，更难以获得较高的收入水平。因此，在农村劳动力向城镇转移的过程中，大量的高素质的、青壮年农村劳动力被城镇源源不断的的抽走了，留在农村的大多数都是低素质的、年老的农村劳动力，不仅导致了上面所提到的农业从业人员的快速老龄化，而且也造成了农业从业人员综合素质的日益下降，成为当前影响我国农业经济发展的主要制约因素之一。

从表5—5和表5—6不同经营规模农户的受教育程度分布情况看，总体样本中有24%的农户户主具有小学文化程度，有49%的农户户主具有初中文化程度，23%的农户户主具有高中文化程度，1%的农户户主具有中专文化文凭，3%的农户户主具有大专文化程

第五章 不同经营规模农户的农业生产情况比较分析

表5—5　　　不同经营规模农户的受教育程度分布情况　　（单位：个）

	总计	小学	初中	高中	中专	大专	本科
总体样本	227	55	110	52	3	6	1
较小规模农户	151	44	77	27	0	3	0
0亩~20亩	74	30	39	5	0	0	0
20亩~40亩	38	8	14	14	0	2	0
40亩~60亩	39	6	24	8	0	1	0
较大规模农户	76	11	33	25	3	3	1
60亩~110亩	23	6	10	6	0	1	0
110亩~200亩	26	2	10	11	1	2	0
200亩以上	27	3	13	8	2	0	1

表5—6　　　不同经营规模农户的受教育程度所占比例

	总计	小学	初中	高中	中专	大专	本科
总体样本	227	24.23%	48.46%	22.91%	1.32%	2.64%	0.44%
较小规模农户	151	29.14%	50.99%	17.88%	0.00%	1.99%	0.00%
0亩~20亩	74	40.54%	52.70%	6.76%	0.00%	0.00%	0.00%
20亩~40亩	38	21.05%	36.84%	36.84%	0.00%	5.26%	0.00%
40亩~60亩	39	15.38%	61.54%	20.51%	0.00%	2.56%	0.00%
较大规模农户	76	14.47%	43.42%	32.89%	3.95%	3.95%	1.32%
60亩~110亩	23	26.09%	43.48%	26.09%	0.00%	4.35%	0.00%
110亩~200亩	26	7.69%	38.46%	42.31%	3.85%	7.69%	0.00%
200亩以上	27	11.11%	48.15%	29.63%	7.41%	0.00%	3.70%

度。具有初中及以下文化程度的农户户主比例占到73%，他们的综合文化素质较低，心中全然没有科学种田的想法，对自己也没有信心在农业生产过程中能够掌握和应用高新科学技术，也缺乏直接参与市场竞争的能力，只是凭借以往种田的经验粗放式从事农业生产。具有高中及以上文化程度的农户户主比例占到27%，他们的综合文化素质较高，对于外来的新鲜事物接受程度比较高，能够较

为容易的理解和把握比较先进的农业生产技术，并且能够通过互联网、报纸、电视等渠道获得农业生产的各种信息，并且具备较强的经营管理能力。从较高层次学历程度看，较小规模农户的高中及以上文化程度占其样本的比例为19.87%，其中，耕种面积在0亩~20亩、20亩~40亩和40亩~60亩三个组别的较小规模农户占比为分别7%、42%和24%；较大规模农户的高中及以上文化程度占其样本的比例为42.11%，其中，耕种面积在60亩~110亩、110亩~200亩和200亩以上三个组别的较大规模农户占比分别为31%、54%和41%。从上述数据分析可以看出，随着农户土地生产经营规模的逐步扩大，高中及以上文化教育程度农户户主的比例总体上呈现出明显上升的趋势，特别是平均42.11%的较大规模农户主的文化程度为高中及以上，而平均只有19.87%的较小规模农户户主的文化程度为高中及以上，相比较之下非常明显，文化水平高、有知识的较大规模农户比较小规模农户具有更高的人力资本水平，可以取得更高的劳动生产率，进而推动农业经济的快速发展和转型升级。

四　不同经营规模农户的家庭人口和劳动力情况比较分析

从表5—7和图5—2不同经营规模农户的家庭人口和劳动力情况看，被调查农户总体的家庭平均人口为4.3人，家庭平均劳动力为2.3人。从较小规模农户看，耕种面积在0亩~20亩、20亩~40亩和40亩~60亩三个组别的农户家庭平均人口分别为4.3人、4.2人和4.3人，样本较小规模农户的家庭平均人口为4.3人；其家庭劳动力平均人数为2.1人、2.3人和2.6人，样本较小规模农户的家庭劳动力平均人数为2.3人。从较大规模农户看，耕种面积在60亩~110亩、110亩~200亩和200亩以上三个组别的农户家庭平均人口分别为4.1人、4.3人和5人，样本较大规模农户的家庭平均人口为4.5人；其家庭劳动力平均人数分别为2.3人、2.3人和2.6人，样本较大规模农户的家庭劳动力平均人数为2.4人。

从上述数据分析可以看出,除了耕种面积在200亩以上农户的家庭平均人口数量稍多外,较大规模农户与较小规模农户的家庭平均人口和劳动力平均人数没有太大的差别。

从表5—8不同经营规模农户的家庭人口情况看,家庭人口为3人、4人和5人的农户数分别为45个、86个和55个,分别占样本总数的19.8%、37.9%和24.2%,81.9%的农户家庭平均人口在3到5人。从较小规模农户看,家庭人口为3人、4人和5人的农户数分别为33个、53个和38个,分别占较小规模农户总数的21.9%、35.1%和25.2%,82.1%的较小规模农户家庭平均人口在3到5人。从较大规模农户看,家庭人口为3人、4人和5人的农户数分别为12个、33个和17个,分别占较小规模农户总数的15.8%、43.4%和22.4%,81.6%的较小规模农户家庭平均人口在3到5人。

从表5—9不同经营规模农户的家庭劳动力情况看,家庭劳动力人数为2人和3人的农户数分别为151个和47个,分别占样本总数的66.5%和20.7%,87.2%的农户家庭平均劳动力在2到3人。从较小规模农户看,家庭劳动力人数为2人和3人的农户数分别为106个和28个,分别占较小规模农户总数的70.2%和12.3%,82.5%的较小规模农户家庭平均劳动力人数为2到3人。从较大规模农户看,家庭劳动力人数为2人和3人的农户数分别为45个和19个,分别占较小规模农户总数的59.2%和25.0%,84.2%的较小规模农户家庭平均劳动力在2到3人。

表5—7 不同经营规模的农户家庭人口和劳动力情况 (单位:个)

	样本总体	[0, 20)	[20, 40)	[40, 60)	[60, 110)	[110, 200)	200亩以上
家庭平均人口	4.3	4.3	4.2	4.3	4.1	4.3	5
家庭平均劳动力	2.3	2.1	2.3	2.6	2.3	2.3	2.6

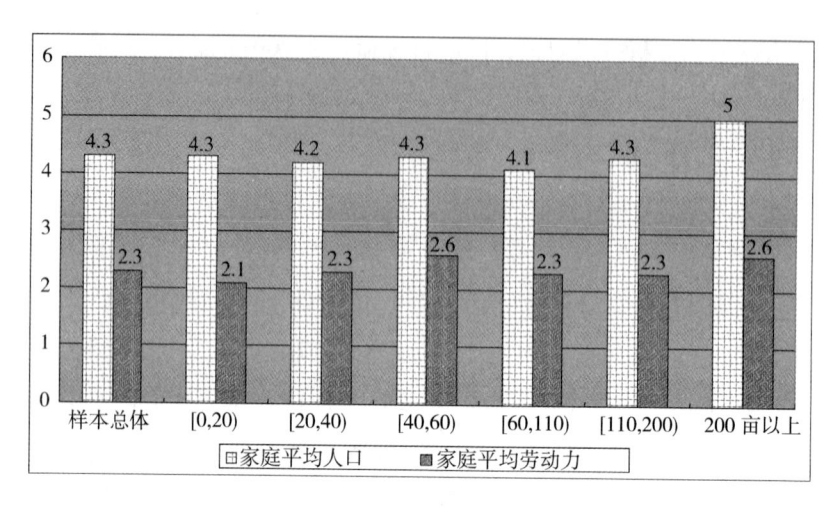

92 ■■■ 不同规模农户经营绩效的比较分析

图5—2 不同经营规模农户的家庭人口和劳动力情况（单位：个）

表5—8　　　　　不同经营规模农户的家庭人口情况　　　（单位：个）

家庭人口	样本总体	[0,20)	[20,40)	[40,60)	[60,110)	[110,200)	200亩以上
2	10	7	0	1	0	1	1
3	45	14	10	9	7	3	2
4	86	21	21	11	10	13	10
5	55	20	5	13	4	6	7
6	16	8	0	1	0	3	4
7	8	3	1	2	1	0	1
8	3	1	1	1	0	0	0
9	2	0	0	1	0	0	1
10	1	0	0	0	1	0	0
11	1	0	0	0	0	0	1

表 5—9　　　　不同经营规模农户的家庭劳动力情况　　　（单位：个）

劳动力个数	样本总体	[0, 20)	[20, 40)	[40, 60)	[60, 110)	[110, 200)	200亩以上
1	10	2	4	1	0	1	2
2	151	58	27	21	15	18	12
3	47	12	4	12	4	6	9
4	13	2	3	1	3	1	3
5	1	0	0	0	1	0	0
6	3	0	0	2	0	0	1
8	2	0	0	2	0	0	0

五　不同经营规模农户的土地经营情况比较分析

从不同经营规模农户的土地经营情况看，被调查农户2014年总体上平均土地经营规模为85.24亩，平均经营地块为4.71块，平均每块土地的面积是18.1亩。从较小规模农户看，样本较小规模农户的平均土地经营规模为28.90亩，平均经营地块为4.02块，平均每块土地的面积是6.99亩；其中，耕种面积在0亩~20亩、20亩~40亩和40亩~60亩三个组别的农户平均土地经营规模分别为9.77亩、33.70亩和53.7，平均经营地块数分别为2.92块、5.12块和5.11块，平均每块土地的面积分别为3.35亩、6.58亩和10.51亩。从较大规模农户看，样本中较大规模农户的平均土地经营规模为197.16亩，是样本较小规模农户的6.82倍，平均经营地块为6.08块，平均每块土地的面积是32.43亩，是样本中较小规模农户的4.64倍；其中，耕种面积在60亩~110亩、110亩~200亩和200亩以上三个组别的农户平均土地经营规模分别为90.87亩、159.37亩和324.11亩，平均经营地块数分别为3.96块、6.54块和6.44块，平均每块土地的面积分别为22.95亩、24.37亩和45.56亩。

作为农村经济体制改革的重大制度创新，20世纪80年代初在我国全面推行的家庭联产承包责任制具有内在强大的激励约束机制，极大地调动了农民农业生产的积极性、主动性和创造性，促进了我国农业生产率的飞跃发展，使得农民生活水平有了十分显著的提升。虽然按照家庭人口平均分配土地的家庭联产承包责任制具有较强的公平意义，但是也对农业生产效率的进一步提高造成了一定程度的负面影响。由于"人口多、耕地少"这个我国农村农业发展所面临的最大国情，实行家庭联产承包责任制后，每个农户分得的土地平均规模本来就比较小（到目前户均不足8亩耕地），而且各地农村出于公平的角度或者受到自然条件的限制，在平均分配土地时按照好地、中地和差地或者水田和旱田相搭配的原则分配给农户，这就不仅使得农户的土地经营规模比较小，而且导致了农户土地经营的细碎化现象，农户拥有土地的块数比较多、每块土地的面积比较小而且存在着地块之间肥沃程度差异较大、离村庄远近程度不同等特点。农地细碎化是发展中国家在农业发展过程中普遍存在的现象，一些学者发现农地细碎化对农户农业生产具有正向的影响，如李功奎、钟甫宁（2006）通过实地调研江苏省经济欠发达地区394个样本农户发现，农地细碎化现象的存在是合理的，可以使农户充分利用不同地块农作物劳动投入时间差合理地分配劳动资源，使劳动力得到较为充分的就业，也可以使小农户有效地分摊规避农业生产的各种风险，最大化小农家庭的收入。然而，有更多的学者通过实证研究发现，农地细碎化对农户农业生产具有较大程度的负面影响，如苏旭霞、王秀清（2002）通过对以山东省莱西市小麦和玉米生产为例，利用C-D生产函数和随机前沿生产函数深入分析耕地细碎化对农业生产的影响，研究结果发现，耕地细碎化对当地农业生产具有负向影响，并且对农业生产的技术效率有着较为显著的负面影响。卢华、胡浩（2015）通过对江苏省不同地区农户的数据资料，利用随机前沿生产函数深入研究了耕地细碎化对农业效率和利润的影响，研究结果发现，耕地细碎化对农业利润和农业效率都存在着显著的负面影响。因而，一般认为，农地细碎化降低了农业生产效率,对农业生产有一定程度的负面影响。

从不同经营规模农户的平均经营土地块数和平均每块土地面积看,与较小规模农户相比,较大规模农户的土地块数并没有十分显著的增加,只是由较小规模农户的 4.02 块土地增加到较大规模农户的 6.08 块土地。更为值得关注的是,随着农户土地经营规模的扩大,平均每块地块的面积有了较为显著的增加,由较小规模农户 6.99 亩的土地面积增加到较大规模农户的 32.43 亩的土地面积,增长了 3.64 倍之多;由耕种面积 0 亩~20 亩超较小规模农户 3.35 亩的土地面积增加到耕种面积 200 亩以上大规模农户 43.56 亩的土地面积,增长了 12 倍之多。因此,通过上述数据分析可以看出,较大规模的农户可以较为明显地克服土地细碎化的难题,使得规模农户可以在较大的规模上从事农业生产经营。

表 5—10　　　　不同经营规模农户土地经营情况

	平均土地经营规模（亩）	平均经营土地块数（块）	平均每块土地面积（亩）
总体样本	85.24	4.71	18.10
较小规模农户	28.90	4.02	6.99
0 亩~20 亩	9.77	2.92	3.35
20 亩~40 亩	33.70	5.12	6.58
40 亩~60 亩	53.70	5.11	10.51
较大规模农户	197.16	6.08	32.43
60 亩~110 亩	90.87	3.96	22.95
110 亩~200 亩	159.37	6.54	24.37
200 亩以上	324.11	7.44	43.56

第二节　不同经营规模农户的收入情况比较分析

从不同经营规模农户的家庭收入情况看,被调查农户 2014 年户均家庭纯收入为 84865 元,农户人均家庭纯收入为 19288 元,其中农户务农纯收入为46030元,人均务农纯收入为10461元,农户务农纯收入占家庭纯收入(兼业化率)的比重为57.2%。

一 不同经营规模农户的家庭平均纯收入比较分析

从被调查农户的家庭平均纯收入看,2014年耕种面积在0亩~20亩、20亩~40亩和40亩~60亩三个组别的较小规模农户分别为41280元、71730元和66567元,样本中较小规模农户的平均家庭纯收入为59859元;耕种面积在60亩~110亩、110亩~200亩和200亩以上三个组别的较大规模农户平均纯收入为93872元、114005元和263478元,样本中较大规模农户的平均纯收入为157118元,是样本较小规模农户的平均家庭纯收入的2.62倍。从上述数据可以看出,随着农户土地生产经营规模的逐步扩大,农户的家庭平均纯收入总体上呈现出逐步增长的趋势,由耕种面积为0亩~20亩超较小规模农户的41280元增加到耕种面积为200亩以上大规模农户的263478元,增加了222198元;其中,耕种面积在60亩~110亩、110亩~200亩和200亩以上三个组别的较大规模农户的平均收入分别是耕种面积在0亩~20亩的较小规模农户的2.27倍、2.76倍和6.38倍。而且,农户的生产经营规模越大,农户的经济实力就越雄厚,就能够在农业基础设施建设、农业新产品新技术的应用、大型农业机械的购买使用等方面进行较大规模的投资以改进农业生产的条件,进而取得更高的收入,实现了农业生产经营的良性循环发展。

二 不同经营规模农户的人均纯收入比较分析

从被调查农户的家庭人均纯收入来看,2014年耕种面积在0亩~20亩、20亩~40亩和40亩~60亩三个组别的较小规模农户人均纯收入分别为9600元、17079元和15481元,样本中较小规模农户的平均家庭人均纯收入为14053元;耕种面积在60亩~110亩、110亩~200亩和200亩以上三个组别的较大规模农户人均纯

第五章 不同经营规模农户的农业生产情况比较分析

收入为 22896 元、26513 元和 52696 元,样本中较大规模农户的平均家庭人均纯收入为 34035 元,比样本中较小规模农户的平均家庭人均纯收入高 19982 元。从上述数据可以看出,随着农户土地生产经营规模的逐步扩大,农户的家庭人均纯收入总体上也呈现出逐步增长的趋势,由耕种面积为 0 亩～20 亩超较小规模农户的 9600 元增加到耕种面积为 200 亩以上大规模农户的 52696 元,增加了 43096 元;其中,耕种面积在 60 亩～110 亩、110 亩～200 亩和 200 亩以上三个组别的较大规模农户的平均收入分别是耕种面积在 0 亩～20 亩的超小规模农户的 2.39 倍、2.76 倍和 5.49 倍。从城乡居民间人均纯收入比较看,2014 年山东省城镇居民人均可支配收入为 29222 元,耕种面积在 0 亩～20 亩、20 亩～40 亩和 40 亩～60 亩三个组别的较小规模农户人均纯收入均远远低于城镇居民人均可支配收入,分别低了 19622 元、12143 元和 13741 元,城乡收入差距分别为 0.33∶1、0.58∶1 和 0.53∶1,收入差距十分明显;耕种面积在 60 亩～110 亩、110 亩～200 亩和 200 亩以上三个组别的较大规模农户人均纯收入与城镇居民可支配收入之比分别为 0.78∶1、0.91∶1 和 1.8∶1,虽然耕种面积在 60 亩～110 亩和 110 亩～200 亩的较大规模农户人均纯收入要低于城镇居民人均可支配收入,分别低了 6326 元和 2709 元,但是与较小规模农户相比,其收入差距已经大大缩小,耕种面积在 110 亩～200 亩的较大规模农户人均纯收入已经比较接近于城镇居民人均可支配收入,而耕种面积在 200 亩以上的较大规模农户人均纯收入已经大大高于城镇居民人均可支配收入,要高出 23474 元。

三 不同经营规模农户的务农纯收入比较分析

从被调查农户的家庭务农纯收入来看,2014 年耕种面积在 0 亩～20 亩、20 亩～40 亩和 40 亩～60 亩三个组别的较小规模农户务农纯收入分别为 11942 元、24411 元和 24977 元,样本较小规模农户的平均家庭务农纯收入为 20443 元;耕种面积在 60 亩～110

亩、110亩~200亩和200亩以上三个组别的较大规模农户平均务农纯收入为75924元、98350元和218690元，样本中较大规模农户的平均家庭务农纯收入为130988元，比样本中较小规模农户的平均家庭务农纯收入要高出130988元。从上述数据可以看出，随着农户土地生产经营规模的逐步扩大，农户的家庭务农纯收入总体上也呈现出逐步增长的趋势，由耕种面积为0亩~20亩超小规模农户的11942元增加到耕种面积为200亩以上大规模农户的218690元，增加了206748元；其中，耕种面积在60亩~110亩、110亩~200亩和200亩以上三个组别的较大规模农户的平均务农收入分别是耕种面积在0亩~20亩的超小规模农户的6.36倍、8.24倍和18.31倍。

四 不同经营规模农户的务农人均纯收入比较分析

从被调查农户的家庭人均务农纯收入来看，2014年耕种面积在0亩~20亩、20亩~40亩和40亩~60亩三个组别的较小规模农户人均务农纯收入分别为2777元、5812元和5809元，样本较小规模农户的平均家庭人均务农纯收入为4799元；耕种面积在60亩~110亩、110亩~200亩和200亩以上三个组别的较大规模农户人均务农纯收入为18518元、22872元和43737元，样本较大规模农户的平均家庭人均务农纯收入为28375元，比样本较小规模农户的平均家庭人均务农纯收入要高出23576元。从上述数据可以看出，随着农户土地生产经营规模的逐步扩大，农户的家庭人均务农纯收入总体上也呈现出逐步增长的趋势，由耕种面积为0亩~20亩超小规模农户的2777元增加到耕种面积为200亩以上大规模农户的43737元，增加了40960元；其中，耕种面积在60亩~110亩、110亩~200亩和200亩以上三个组别的较大规模农户的平均务农人均纯收入分别是耕种面积在0亩~20亩的超小规模农户的6.67倍、8.24倍和15.75倍。

五 不同经营规模农户的劳均纯收入比较分析

从被调查农户的劳动力人均纯收入来看,2014年耕种面积在0亩~20亩、20亩~40亩和40亩~60亩三个组别的较小规模农户的劳均纯收入分别为19657元、31187元和25603元,样本较小规模农户平均每个劳动力纯收入为25482元;耕种面积在60亩~110亩、110亩~200亩和200亩以上三个组别的较大规模农户的劳均纯收入分别为40814元、49567元和101338元,样本较大规模农户平均每个劳动力纯收入为63906元,比样本较小规模农户平均每个劳动力纯收入要高出38424元。从上述数据可以看出,随着农户土地生产经营规模的逐步扩大,农户的劳均纯收入总体上也呈现出逐步增长的趋势,由耕种面积为0亩~20亩超小规模农户的19657元增加到耕种面积为200亩以上大规模农户的101338元,增加了81681元;其中,耕种面积在60亩~110亩、110亩~200亩和200亩以上三个组别的较大规模农户的平均收入分别是耕种面积在0亩~20亩的超小规模农户的2.08倍、2.52倍和5.16倍。与2014年山东省外出务工农民工年收入35580元相比,耕种面积在0亩~20亩、20亩~40亩和40亩~60亩三个组别的较小规模农户劳均纯收入要低于外出务工农民工年收入,分别低了15923元、4393元和9977元,收入差距之比分别为0.55∶1、0.88∶1和0.72∶1,而耕种面积在60亩~110亩、110亩~200亩和200亩以上三个组别的较大规模农户的劳均纯收入已经高于外出务工农民工年收入,分别高出了5234元、13987元和65758元,收入差距之比分别为1.15∶1、1.39∶1和2.85∶1。因此,从上面的数据分析可以看出,农民在农村从事较大规模农户生产经营已经比外出打工可以获得更高的收入,从而能够吸引具有较高素质的农民工回流到农村从事农业规模经营、现代化经营。

六 不同经营规模农户的兼业化率比较分析

农户兼业化已经成为我国工业化、城镇化进程中的一种普遍现象,是农业生产经营规模小、农民从事农业收益低、机会成本高背景下农民的理性选择。在农业经济研究领域,一般把农民家庭务农收入占农民家庭总收入的比例作为衡量农户专业化的重要指标之一,如果农户专业化率大于80%,则被认为是专业农户;如果农户专业化率大于50%而小于80%,则被认为是一兼农户;如果农户专业化率小于50%,则专业化程度比较高,为二兼农户。从农户家庭务农纯收入占家庭纯收入比例来看,耕种面积在0亩~20亩、20亩~40亩和40亩~60亩三个组别的较小规模农户的专业化率分别为28.9%、34.0%和37.5%,样本较小规模农户的专业化率平均水平为33.7%,非常明显较小规模农户的兼业化程度都比较高,其专业化率均低于50%,属于典型的二兼农户;耕种面积在60亩~110亩、110亩~200亩和200亩以上三个组别的较大规模农户的专业化率分别为81%、86%和83.1%,样本中较大规模农户的专业化率平均水平为83.4%,比样本较小规模农户的专业化率平均水平要高出49.7%,较大规模农户的专业化率均大于80%,属于比较典型的专业化农户。从上述数据分析也可以看出,随着农户土地生产经营规模的逐步扩大,农户的专业化率总体上也

表5—11　　　　不同经营规模农户的家庭收入情况　　　（单位:元）

	样本总体	较小规模农户	较大规模农户
农户平均纯收入	90809	59859	157118
农户人均纯收入	21118	14053	34035
农户务农平均纯收入	51975	20443	130988
务农人均收入	12087	4799	28375
农户劳均纯收入	39482	25482	63906
务农纯收入占纯收入比重	57.2%	33.7%	83.4%

呈现出逐步增长的趋势，由耕种面积为 0 亩～20 亩超小规模农户的 28.9% 增加到耕种面积为 200 亩以上大规模农户的 83.1%，专业化率增加了 54.2%。

表 5—12　　　不同经营规模农户的收入情况比较分析　　（单位：元）

	[0, 20)	[20, 40)	[40, 60)	[60, 110)	[110, 200)	200 亩以上
农户平均纯收入	41280	71730	66567	93872	114005	263478
农户人均纯收入	9600	17079	15481	22896	26513	52696
农户务农平均纯收入	11942	24411	24977	75924	98350	218690
务农人均收入	2777	5812	5809	18518	22872	43737
农户劳均纯收入	19657	31187	25603	40814	49567	101338
务农纯收入占纯收入比重	28.9%	34.0%	37.5%	80.9%	86.2%	83.1%

第三节　不同经营规模农户的生产经营情况比较分析
—— 以小麦生产为例

一　不同经营规模农户的物质投入比较分析

从 2014 年山东省不同经营规模农户小麦生产经营的种子投入看，被调查农户的亩均投入是 59.27 元。其中，耕种面积在 0 亩～20 亩、20 亩～40 亩和 40 亩～60 亩三个组别的较小规模农户的亩均种子投入分别为 63.45 元、52.82 元和 52.34 元，样本中较小规模农户的亩均种子投入为 56.21 元；耕种面积在 60 亩～110 亩、110 亩～200 亩和 200 亩以上三个组别的较大规模农户的亩均种子投入分别为 56.40 元、64.41 元和 65.36 元，样本中较大规模农户的亩均种子投入为 62.06 元，比样本中较小规模农户高出 5.85 元。从总体数据上看，亩均种子投入的排序是：200 亩以上＞110 亩～200 亩＞0 亩～20 亩＞60 亩～110 亩＞20 亩～40 亩＞40 亩～60 亩。可见，随着农户小麦生产经营规模的逐步扩大，亩均种子的投入呈现出先快速降低、至耕种面积 110 亩～200 亩又快速增加的特点。从不同经营规模农户看，耕种面积在 0 亩～20 亩、110 亩～200 亩和 200 亩以上三个组别的农户的亩均种子投入均在 63 元～66 元之间，明显要高于耕种面积在 20 亩～40 亩、40 亩～60 亩和 60 亩～110 亩三个组别的农户的亩均种子投入。

从不同经营规模农户小麦生产经营的化肥投入看，被调查农户的亩均投入是 224.18 元。其中，耕种面积在 0 亩～20 亩、20 亩～40 亩和 40 亩～60 亩三个组别的较小规模农户亩均化肥投入分别为 217.80 元、223.32 元和 206.78 元，样本中较小规模农户的亩均化肥投入为 215.97 元；耕种面积在 60 亩～110 亩、110 亩～200 亩和 200 亩以上三个组别的较大规模农户的亩均化肥投入分别为 221.89 元、241.81 元和 255.15 元，样本中较大规模农户的亩均化肥投入为 239.61 元，要高于较小规模农户的亩均化肥投入 23.64 元。从总体数据上看，亩均化肥投入的排序是：200 亩以上＞110 亩～200 亩＞20 亩～40 亩＞60 亩～110 亩＞0 亩～20 亩＞40 亩～60 亩。可见，随着农户小麦生产经营规模的逐步扩大，在耕种面积达到 110 亩之前，农户亩均化肥投入虽然有些波动，但是波动幅度相对比较小，基本上保持着较为稳定的状态，然而耕种面积达到 110 亩之后，农户亩均化肥投入呈现出快速增加的态势。

从小麦生产经营的农药投入看，被调查农户的亩均投入是 40.07 元。其中，耕种面积在 0 亩～20 亩、20 亩～40 亩和 40 亩～60 亩三个组别的较小规模农户的亩均农药投入分别为 49.31 元、35.75 元和 44.68 元，样本中较小规模农户的亩均农药投入为 43.25 元；耕种面积在 60 亩～110 亩、110 亩～200 亩和 200 亩以上三个组别的较大规模农户的亩均农药投入分别为 39.24 元、29.65 元和 25.52 元,样本中较大规模农户的亩均农药投入为 31.47 元,要比样本中较小规模农户的亩均农药投入低 11.78 元。从总体数据上看,亩均农药投入的排序是:0 亩~20 亩>40 亩~60 亩>60 亩~110 亩>20 亩~40 亩>110 亩~200 亩>200 亩以上。可见,与种子、化肥亩均投入的趋势相反,随着农户小麦生产经营规模的扩大,亩均农药的投入整体上呈现出逐步下降的趋势,耕种面积在 200 亩以上的大规模农户亩均农药的使用量几乎降低到耕种面积在 0 亩~20 亩小农户的一半左右。

从样本农户 2014 年小麦生产经营的亩均物质总投入上看,化肥、农药和种子的每亩平均投入分别为 59.27 元、224.18 元和 40.07 元,总和为 323.52 元。耕种面积在 0 亩~20 亩、20 亩~40 亩和 40 亩~60 亩三个组别的较小规模农户亩均物质总投入分别为 330.56 元、311.89 元和 303.8 元,样本中较小规模农户的平均物质总投入为 315.39 元;耕种面积在 60 亩~110 亩、110 亩~200 亩和 200 亩以上三个组别的较大规模农户的亩均物质总投入分别为 317.53 元、335.87 元和 346.03 元,样本中较大规模农户的亩均物质总投入为 333.14 元,比样本中较小规模农户的亩均物质总投入高出 17.75 元。从总体数据上看,亩均物质总投入的排序是:200 亩以上>110 亩~200 亩>0 亩~20 亩>60 亩~110 亩>20 亩~40 亩>40 亩~60 亩。可见,随着土地经营规模的扩大,农户小麦生产的亩均物质投入总体上呈现出先降低后增加的趋势,其中耕种面积在 40 亩~60 亩的亩均物质投入为最低。

二 不同经营规模农户的农业机械使用费用比较分析

从农户小麦生产经营的农业机械使用费用看,样本总体的亩均投入是 185.57 元。其中,耕种面积在 0 亩~20 亩、20 亩~40 亩和 40 亩~60 亩三个组别的较小规模农户的亩均农业机械使用费用分别为为 224.97 元、182.03 元和 177.30 元,样本中较小规模农户的平均每亩农业机械费用为 194.77 元；耕种面积在 60 亩～110 亩、110 亩～200 亩和 200 亩以上三个组别的较大规模农户的亩均农业机械使用费用分别为为 145.17 元、123.92 元和 138.20 元，样本中较大规模农户的平均每亩农业机械费用为 135.77 元，比样本中较小规模农户的亩均农业机械使用费用低 59.00 元。从总体数据上看，亩均农业机械使用费用的排序是：0 亩～20 亩＞20 亩～40 亩＞40 亩～60 亩＞60 亩～110 亩＞200 亩以上＞110 亩～200 亩，可见，随着农户小麦生产经营规模的扩大，亩均农业机械使用费用整体上出现出比较明显的下降趋势，特别是达到耕种面积达到 60 亩以上规模后，农业机械费用的投入更是快速地下降，耕种面积在 110 亩～200 亩农户亩均农业机械使用投入几乎为耕种面积在 0 亩～20 亩亩均投入的 1/2 左右。

三 不同经营规模农户的雇工成本比较分析

从农户小麦生产经营的雇工成本看，样本总体的亩均投入是 32.86 元。其中，耕种面积在 0 亩～20 亩、20 亩～40 亩和 40 亩～60 亩三个组别的较小规模农户的亩均雇工成本分别为 3.42 元、48.20 元和 41.65 元，样本中较小规模农户的平均每亩雇工成本为 31.09 元；耕种面积在 60 亩～110 亩、110 亩～200 亩和 200 亩以上三个组别的较大规模农户的亩均雇工成本分别为 50.04 元、59.30 元和 39.25 元，样本中较大规模农户的平均每亩雇工成本为 49.53 元，比样本中较小规模农户的亩均雇工成本高 18.44 元。

从总体数据上看，亩均雇工成本的排序是：110 亩～200 亩＞60 亩～110 亩＞20 亩～40 亩＞40 亩～60 亩＞200 亩以上＞0 亩～20 亩。可见，随着农户小麦生产经营规模的扩大，亩均雇工成本呈现出逐步增加的趋势：耕种面积在 0 亩～20 亩的规模时，由于耕地规模相对较小，超小规模农户依靠家庭内的劳动力就基本可以完成田间的农业生产活动，不需要或者较少的雇佣外来的劳动从事农业生产经营，因此其雇工成本相对比较低；耕种面积达到 20 亩以上的规模时，此时农户单靠家庭内的劳动力已经无法完成田间的农业生产活动，需要从家庭外部雇佣劳动力来弥补家庭劳动力的不足，因此其雇工成本呈现出快速增加的趋势，由耕种面积 0 亩～20 亩的 3.42 元急剧上涨到耕种面积 20 亩～40 亩的 48.20 元，上涨了 15 倍之多，然后继续上涨到耕种面积 110 亩～200 亩的 59.30 元；然而耕种面积达到 200 亩以上的规模时，由于耕地规模相对较大，需要从家庭外部雇佣数量较大的劳动力来弥补家庭内部劳动力的不足，然而如果雇佣劳动力规模过大则会面临着劳动力的有效监督管理问题，在此情况下不但需要雇佣的劳动力数量较大，雇工成本上升，而且还面临着劳动力监管成本的提高，如果劳动力监督管理不善，将很可能导致农业生产效率的低下，相比较而言，此时使用农业机械替代劳动力更为合算，因此较大的农业生产经营规模有效地摊薄了农业机械的使用成本，使得农户有激励机制去购买农业机械，或者农户从市场上雇佣农机服务时能够以较大的规模取得一定的市场谈判能力，以降低雇佣农业机械的费用，正是由于耕种面积在 200 亩以上的较大规模的较大规模农户较为理性的使用农业机械替代劳动，从而使雇工成本有了较大幅度的下降而农业机械使用费用出现了一定程度的反弹。

四　不同经营规模农户的土地租金比较分析

对于耕种面积在 0 亩～20 亩的超小规模农户而言，他们中有较大的一部分或者是没有从家庭外部转入土地，或者是以较低的象征性价格甚至是免费耕种的方式从亲戚朋友处转入少量的土地，因此他们大多或者是不将土地租金计入农业生产经营成本，或者是将较低的土地租金计入农业生产经营成本，即对于较小规模农户来讲，此时的土地租金是"隐性的"，无法以市场价格全面地反映到农业生产经营成本中。而对于那些耕种面积超过 20 亩以上的农户而言，他们耕种的土地有相当大的一部分是以市场价格从家庭外部流转进来的，是需要支付给出租方土地租金的，他们会把土地租金真实地计入农业生产经营成本中去，这样就实现了土地租金的"显性化"。为了真实反映出耕种面积在0亩~20亩的超小规模农户的土地租金成本，本书将与超小规模农户的同一来源地的耕种面积在20亩以上农户的土地租金为参照值，将它们进行加权平均计算出耕种面积在0亩~20亩的超小规模农户的土地租金成本，并将土地租金全面地计入农户生产经营成本中去。同时，山东省农作物的耕作制度一般是一年两熟，农民在一年中一季种植小麦的同时，另外一季主要以玉米为主，有少部分农户种植水稻、大豆或者花生等等。为了更为精确地将土地租金计入小麦生产成本，本书首先在计算出小麦总产值占家庭农业种植收入的比重的基础上，利用该比重乘以土地的总租金从而计算出应该计入小麦生产成本的土地租金数额。

从农户小麦生产经营的土地租金看，样本总体的亩均成本是296.15元。其中，耕种面积在0亩~20亩、20亩~40亩和40亩~60亩三个组别的较小规模农户亩均土地租金分别为292.16元、308.19元和301.42元，样本较小规模农户的平均每亩土地租金为300.59元；耕种面积在60亩~110亩、110亩~200亩和200亩以上三个组别的较大规模农户的亩均土地租金分别为289.76元、283.59元和324.15元，样本中较大规模农户的平均每亩土地租金为299.17元，基本与样本中较小规模农户的土地租金持平。从上述数据可以看出，土地的租金虽然有些上下波动，但是基本上保持在相对比较稳定的水平上，并没有随着农户土地生产经营规模的扩大而增加，不过与耕种面积在110亩~200亩的较大规模农户的土地租金相比，耕种面积在200亩以上的大规模农户的土地租金出现了较大幅度的提高，原因在于大规模农户的生产经营面积达到较大的规模后，已经把那些在当前租金水平下具备较强土地流转意愿的农户的土地基本上都已经流转进来了，为了继续扩大耕地面积，耕种面积在200亩以上的大规模农户必须较大幅度地提高土地租金才能吸引那些土地流转意愿比较低的农户把自己耕种的土地流转出去。

五　不同经营规模农户的成本效益比较分析

（一）不同经营规模农户的亩均生产成本比较分析

从不同规模农户小麦生产的亩均生产成本看，被调查农户总体的亩均成本是842.86元。其中，耕种面积在0亩～20亩、20亩～40亩和40亩～60亩三个组别的较小规模农户的亩均生产成本分别是858.2元、850.31元和828.26元，样本中较小规模农户的平均每亩生产成本为845.59元，随着较小规模农户经营规模的扩大，亩均生产成本呈现出逐步下降的趋势；耕种面积在60亩～110亩、110亩～200亩和200亩以上三个组别的较大规模农户的亩均生产成本分别为811.02元、807.68元和852.97元，样本中较大规模农户平均每亩生产成本为823.89元，比样本中较小规模农户的平均每亩生产成本低21.7元。

从总体数据上看，亩均生产成本的排序是：0亩～20亩＞200亩以上＞20亩～40亩＞40亩～60亩＞60亩～110亩＞110亩～200亩。可见，随着农户小麦生产经营规模的不断扩大，亩均生产成本先是呈现出逐渐下降的趋势，然而在生产经营规模达到临界点后亩均生产成本快速上升。亩均生产成本的最高点出现在耕种面积为0亩～20亩的超小规模上，这也从一方面印证了超小规模农户为了追求农业产出的最大化、不计成本地将要素投入农业生产的"过密化"现象；亩均生产成本的低点出现在耕种面积为60亩～110亩和110亩～200亩的规模上，这说明较大规模农户通过规模化、集约化生产可以有效地降低农业生产的成本；然而耕种面积达到200亩以上大规模农户的生产成本出现了较大幅度的增加，比耕种面积为110亩～200亩的较大规模农户高出45.29元，其原因在于在当前山东省的农业生产力水平下，耕种面积在200亩以上的较大规模农户由于其生产经营规模过大，已经超出了家庭成员的劳动生产能力和经营管理能力的上限，耕种面积在200亩以上较大规模农户无法坚持精耕细作，只能选择粗放式经营，从而导致了农业生产经营成本的快速增加。

（二）不同经营规模农户的亩均产量比较分析

从不同经营规模农户小麦生产的亩均产量看，样本总体的产量是1026.91斤。其中，耕种面积在0亩~20亩、20亩~40亩和40亩~60亩三个组别的较小规模农户的亩均产量分别为1098.35斤、1060.67斤和1000.84斤，样本中较小规模农户的平均每亩产量为1053.39斤；耕种面积在60亩~110亩、110亩~200亩和200亩以上三个组别的较大规模农户的亩均产量分别为1063.87斤、905.15斤和903.37斤，样本中较大规模农户平均每亩产量为957.46斤，比样本中较小规模农户的平均每亩产量低95.46斤，几乎降低了9.1的百分点。从总体数据上看，亩均产量的排序是：0亩~20亩>60亩~110亩>20亩~40亩>40亩~60亩>110亩~200亩>200亩以上。可见，随着农户生产经营规模的扩大，小麦的亩均产量呈现出先下降后增加再大幅下降的趋势，其中耕种面积在0亩~20亩的农户亩均产量最高，耕种面积在60亩~110亩和20亩~40亩次之，而随着农户生产经营规模达到110亩以上，农户的亩均产量呈现出较大幅度的降低。

（三）不同经营规模农户的亩均总收入比较分析

从不同经营规模农户小麦生产的亩均总收入看，样本总体的收入是1246.38元。其中，耕种面积在0亩~20亩、20亩~40亩、40亩~60亩三个组别的较小规模农户的亩均总收入分别为1348.29元、1248.22元和1190.37元，样本中较小规模农户的平均每亩总收入为1262.93元；耕种面积在60亩~110亩、110亩~200亩和200亩以上三个组别的较大规模农户的亩均总收入分别为1291.64元、1118.39和1130.71元，样本中较大规模农户的平均每亩总收入为1180.25元，比样本中较小规模农户的平均每亩总收入低82.68元。从总体数据上看，亩均总收入的排序是：0亩~20亩>60亩~110亩>20亩~40亩>40亩~60亩>200亩以上>

110 亩~200 亩。可见，调查样本的亩均总收入大体上呈现出和亩均产量基本相同的轨迹，即随着农户生产经营规模的不断扩大，小麦的亩均总收入呈现出先下降后增加然后下降的趋势，耕种面积在 0 亩~20 亩的农户亩均总收入最高，耕种面积在 60 亩~110 亩和 20 亩~40 亩次之，而随着农户生产经营规模达到 110 亩以上，农户的亩均总收入呈现出较大幅度的降低。

（四）不同经营规模农户的亩均净收入比较分析

从不同经营规模农户小麦生产经营的亩均净收入看，样本总体的收入是 403.52 元。其中，耕种面积在 0 亩~20 亩、20 亩~40 亩和 40 亩~60 亩三个组别的较小规模农户的亩均净收入分别为 490.09 元、397.91 元和 362.11 元，样本中较小规模农户的平均每亩净收入为 416.70 元；耕种面积在 60 亩~110 亩、110 亩~200 亩和 200 亩以上三个组别的较大规模农户的亩均净收入分别为 480.62 元、310.72 元和 277.75 元，样本中较大规模农户的平均每亩总收入为 356.36 元，比样本中较小规模农户的平均每亩总收入低 60.34 元。从总体数据上看，亩均净收入的排序是：0 亩~20 亩 > 60 亩~110 亩 > 20 亩~40 亩 > 40 亩~60 亩 > 110 亩~200 亩 > 200 亩以上。可见，调查样本的亩均净收入大体上也呈现出和亩均产量、亩均总收入基本相同的轨迹，即随着农户生产经营规模的扩大，小麦的亩均净收入呈现出先下降后增加然后下降的趋势，耕种面积在 0 亩~20 亩的农户亩均净收入最高，耕种面积在 60 亩~110 亩和 20 亩~40 亩次之，而随着农户生产经营规模达到 110 亩以上，农户的亩均净收入呈现出较大幅度的降低趋势。

（五）不同经营规模农户的亩均净利润率比较分析

从农户小麦生产经营亩均净利润率看，样本总体的净利润率是 47.88%。其中，耕种面积在 0 亩~20 亩、20 亩~40 亩和 40 亩~60 亩三个组别的较小规模农户的亩均净利润率分别为 57.11%、46.80% 和 43.72%，样本中较小规模农户的平均每亩净利润率为 49.21%；耕种面积在 60 亩~110 亩、110 亩~200 亩和 200 亩以上三个组别的较大规模农户的亩均净利润率分别为 59.26%、38.47% 和 32.56%，样本中较大规模农户的平均每亩净利润率为 43.43%，比样本中较小规模农户的平均每亩净利润率低 5.78%。从总体数据上看，亩均净利润率的排序是：60 亩 ~ 110 亩 > 0 亩 ~ 20 亩 > 20 亩 ~ 40 亩 > 40 亩 ~ 60 亩 > 110 亩 ~ 200 亩 > 200 亩以上。可见，被调查样农户的亩均净利润率大体上也呈现出和亩均产量、亩均总收入基本相同的轨迹，即随着农户生产经营规模的扩大，小麦的亩均净利润率呈现出先下降后增加然后下降的趋势，耕种面积在 0 亩 ~ 20 亩的农户亩均净利润率最高，60 亩 ~ 110 亩和 20 亩 ~ 40 亩次之，而随着农户生产经营规模达到 110 亩以上，农户的亩均净利润率呈现出较大幅度的降低。

表 5—13　较小规模农户与较大规模农户的亩均投入产出情况

(单位：元)

		样本总体	较小规模农户	较大规模农户
物质投入	种子	59.27	56.21	62.06
	化肥	224.18	215.97	239.61
	农药	40.07	43.25	31.47
	加总	323.52	315.39	333.14
农业机械使用费用		185.57	194.77	135.77
雇工成本		32.86	31.09	49.53
土地租金		296.15	300.59	299.17
其它		4.76	3.73	6.29
亩均成本		842.86	845.59	823.89
亩均产量		1026.91	1053.39	957.46
亩均总收入		1246.38	1262.93	1180.25
亩均净收入		403.52	416.70	356.36
亩均净利润率		47.88%	49.21%	43.43%

表 5—14　　不同经营规模农户的亩均投入产出情况表　　（单位：元）

		[0, 20)	[20, 40)	[40, 60)	[60, 110)	[110, 200)	200亩以上
物质投入	种子	63.45	52.82	52.34	56.40	64.41	65.36
	化肥	217.80	223.32	206.78	221.89	241.81	255.15
	农药	49.31	35.75	44.68	39.24	29.65	25.52
	加总	330.56	311.89	303.8	317.53	335.87	346.03
农业机械使用费用		224.97	182.03	177.30	145.17	123.92	138.20
雇工成本		3.42	48.20	41.65	50.04	59.30	39.25
土地租金		292.16	308.19	301.42	289.76	283.59	324.15
其它		7.09	0	4.09	8.52	5	5.34
亩均成本		858.2	850.31	828.26	811.02	807.68	852.97
亩均产量		1098.35	1060.67	1000.84	1063.87	905.15	903.37
亩均总收入		1348.29	1248.22	1190.37	1291.64	1118.39	1130.71
亩均净收入		490.09	397.91	362.11	480.62	310.71	277.74
亩均净利润率		57.11%	46.80%	43.72%	59.26%	38.47%	32.56%

第四节　本章小结

本章在对不同经营规模农户进行合理分类的基础上，首先分析了调查问卷中不同经营规模农户户主的特征、家庭的资源禀赋等方面的基本情况，数据分析结果发现，与较小规模农户相比，较大规模农户的户主更加年轻化、受教育程度更高，家庭所拥有的单块土地面积也有了较大幅度的增加，有效地避免了因为农地的细碎化所造成的农业生产效率的损失。其次，本章分析了不同经营规模农户的家庭收入情况，数据分析结果发现，较大规模农户的家庭总收入、人均纯收入、务农总收入、务农人均纯收入以及劳均纯收入等收入指标均要远远的高于较小规模农户，而且三个组别的较大规模

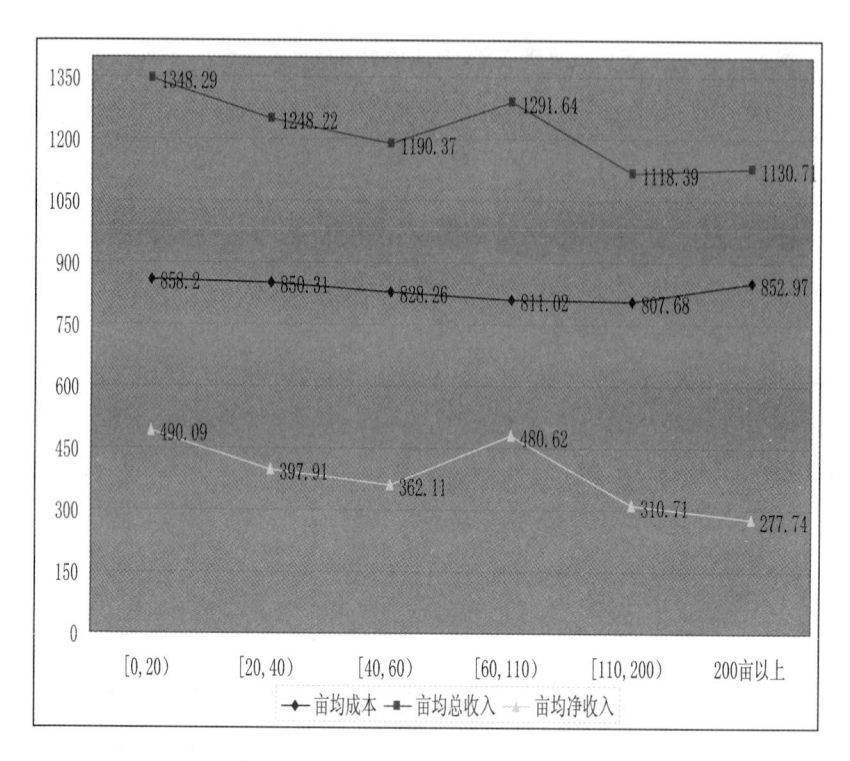

图 5—3　不同经营规模农户的小麦成本收益图

农户的兼业化率均高于 80%，更为重要的是，较大规模农户的劳均收入均已超过农民打工收入，把这两项数据结合起来看，这说明较大规模农户的收入主要来源于农业产业，并且在家从事农业的收入已经要高于外出打工收入，这将有助于农民安心从事农业规模经营，保持农业生产经营主体的稳定性与持续性。最后，本章以 2014 年山东省小麦生产为例，分析了不同经营规模农户的小麦生产的成本收益情况，数据分析结果发现，随着农业经营规模的不断扩大，小麦生产的亩均成本呈现出先降低后增加的 U 型曲线形态，其中耕种面积为 0 亩～20 亩的超小规模农户成本最高，耕种面积为 110 亩～200 亩的农户成本最低，小麦生产的亩均产量、亩均收入、亩均净利润和亩均利润率均呈现出先降低再增加后降低的曲线形态，中间的高点均出现耕种面积为 60 亩～110 亩的农户这一范围内。

第六章 不同规模农户经营效率的实证分析
——基于 DEA 分析方法

第一节 数据包络分析模型

一 数据包络分析模型（DEA）的发展演变

数据包络分析模型（Data Envelopment Analysis，DEA）是基于运筹学原理、管理科学与数理经济学的交叉发展而衍生出来的一种效率评价方法。该理论模型最早源于英国经济学家 Michael Farrell 基于生产前沿面研究而进行的开创性工作，其基本思想是利用线性规划模型求解在特定条件下投入最小化或者产出最大化的生产前沿面，但是 Michael Farrell 提出的理论模型的适用范围是企业单投入单产出的情况，而实际生产过程中一般是多投入多产出的情况，因此 Michael Farrell 的生产前沿面模型并没有得到较为广泛的应用。随后在 Michael Farrell 研究的基础上，数据包络分析模型经历了具有里程碑意义的两个重大发展阶段：基于规模报酬不变的 CCR 模型和基于规模报酬可变的 BCC 模型。CCR 模型是 1978 年美国著名运筹学家 Charnes、Cooper 和 Rhodes 在权威期刊《欧洲运筹学杂志》上发表的论文《决策单元（Decision Making Unit，DMU）的效率度量》中提出的 DEA 理论方法，模型的命名也来源于他们三个人姓氏的首字母，规模报酬不变（Constant Returns to Scale，CRS）是 CCR 模型最基本的假设，其计算出来的技术效率没有把规模效率排除在外，因而也被称为"综合技术效率"。BCC 模型是 1984 年 Banker、Charnes 和 Cooper 在《管理科学》杂志上发表的论文《数据包络分析度量技术和规模非效率的模型》中提出的 DEA 理论方法，模型的命名同样来源于他们三个人姓氏的首字母，BCC 模型是 CCR 模型的重大突破和发展，与 CCR 模型的规模报酬不变假设相反，BCC 模型假设规模报酬是可变的，其计算出来的技术效率没有把规模效率包含在内，因此被称为"纯技术效率"。此后，在以上两个基础模型的基础上，随着数学规划理论（包括线性规划理论、半无限规划理论、多目标规划理论和随机规划理论）的快速发展，更加贴合经济社会发展现实的数据包络分析模型不断得到完善和发展，如 Sexton（1986）的交叉效率模型、Thompson（1986）的置信区间模型、Charnes（1990）的锥比例模型和 Seiford、Zhu（1999）的超效率模型等。

总体上讲，作为一种非参数（non-parametric approach）分析方法，数据包络分析模型是以决策单元的相对效率为基础，以线性规划理论为工具，对具有相同投入产出类型的决策单元之间的有效性进行比较分析。由于具有相对效率比较分析的优越性，数据包络分析模型应用领域不断得到拓宽，在经济社会各个领域都得到了较为广泛的应用，已经成为科学决策、高效管理、系统工程和技术评价等领域中一种普遍使用且十分重要的和有效的数学分析工具和效率评价方法，并且形成了生产前沿面、生产可能集、投影等一整套较为完整的理论体系。

二 基于规模报酬不变的 CCR 模型

CCR 模型可以分为投入导向的 CCR 模型和产出导向的 CCR 模型，本书从投入导向视角来介绍 CCR 模型。假设有 n 个决策单元（DMU），记为 DMU_j（$j=1, 2, \cdots, n$）；每个决策单元有 s 种投入指标，记为 x_i（$i=1, 2, \cdots, s$），其比重记为 u_i（$i=1, 2, \cdots, s$）；m 种产出指标，记为 y_r（$r=1, 2, \cdots, m$），其比重记为

第六章 不同规模农户经营效率的实证分析

v_r（r=1，2，…，m）。那么被评价单元 DMU_k 的效率值可以由以下投入导向的数据包络分析模型计算得出：

$$\theta_a = \max \frac{\sum_{i=1}^{m} vtYrt}{\sum_{i=1}^{s} vixst}$$

$$s.t. \frac{\sum_{i=1}^{m} vtYrj}{\sum_{i=1}^{s} vixij} \leq 1$$

$$u \geq 0 ; v \geq 0$$

i=1，2，…，s；r=1，2，…，m；j=1，2，…，n

此非线性规划模型的意义在于，在所有决策单元效率值均不大于1的前提下，使被评估单元 DMU_k 的效率值 θ_a 达到最大化，因此此时确定的权重 u 和 v 是对被评估 DMU_k 最有利的。

因为 $\sum_{i=1}^{s} vixij$ 是大于零的，$s.t. \dfrac{\sum_{i=1}^{m} vtYrj}{\sum_{i=1}^{s} vixij} \leq 1$ 等价于

$$st\sum_{i=1}^{m} vryvj - \sum_{i=1}^{s} vixij \leq 0$$

令 $t = \dfrac{1}{\sum_{i=1}^{s} vixst}$，则上述函数变为

$$\max t\sum_{i=1}^{m} vtYrt - \sum_{i=1}^{m} tvtYrt$$

再令 U=tu，V=tv，则上式变为

$$\theta_d = \max \sum_{i=1}^{m} VtYrt$$

$$s.t. \sum_{i=1}^{m} Vryrj - \sum_{i=1}^{s} Uixij \leq 0$$

$$\sum_{i=1}^{s} U_i x_{ij} = 1$$

$$U \geq 0;\ V \geq 0$$

i = 1, 2, …, s; r = 1, 2, …, m; j = 1, 2, …, n

经过 Charnes – Cooper 变换得到 CCR 的线性规划模型：

$$\min \theta$$

$$s.t. \sum_{j=1}^{n} \lambda_j x_{ij} \leq \theta x_{ik}$$

$$\sum_{j=1}^{n} \lambda_d y_{ij} \leq y_{rk}$$

$$\lambda \geq 0$$

i = 1, 2, …, s; r = 1, 2, …, m; j = 1, 2, …, n

在对偶模型中，λ 表示决策单元的线性组合系数，模型的最优解 θ^* 表示效率值，θ^* 取值范围为 (0, 1]。

模型的目标函数的最优解为 θ^*，$1 - \theta^*$ 意思是在目前的技术水平条件下，被评估决策单元在不降低产出水平的前提下，其投入所能缩减的最大限度。θ^* 越小，说明投入可以缩减的幅度越大，效率越低；$\theta^* = 1$ 时表示被评估决策单元位于生产前沿面，处于技术有效率状态；$\theta^* < 1$ 则表示被评估决策单元处于技术无效率状态，在产出不降低的前提下，其各项投入可以等比例的下降 $(1 - \theta^*)$。

三 基于规模报酬可变的 BCC 模型

BCC 模型也可以分为投入导向的 BCC 模型和产出导向的 BCC 模型，本书从投入导向视角来介绍 BCC 模型。投入导向的 BBC 模型与 CCR 模型的区别在于增加了一个约束条件：$\sum_{j=1}^{n} \lambda_j = 1 (\lambda \geq 0)$，其作用是是投影点的生产规模与被评估决策单元的生产规模处于同一水平。

$$\min \theta$$

第六章　不同规模农户经营效率的实证分析

$$s.t. \sum_{j=1}^{n} \lambda_j x_{ij} \leq \theta x it$$

$$\sum_{j=1}^{n} \lambda_i y_{ij} \leq yrk$$

$$\sum_{j=1}^{n} \lambda_i = 1$$

$$\lambda \geq 0$$

i = 1, 2, …, s; r = 1, 2, …, m; j = 1, 2, …, n

四　数据包络分析模型的优缺点分析

(一) 数据包络分析模型评价效率的优点分析

1. 数据包络分析方法属于多投入多产出非参数效率评估方法，简单实用，不需要考虑生产函数的具体形式，从而避免了参数效率评估方法可能带来的问题：参数效率评估方法可能需要构建比较复杂的生产函数，并且要使投入产出符合所要使用的生产函数，如果生产函数的构建发生偏差，那么将严重影响效率的评估，从而使结果出现失真。

2. 数据包络分析方法不受投入品、产出品计量单位的影响。在实际经济生活中，企业的投入和产品常常会使用不同的计量单位，而使用数据包络分析方法不需要将所有的投入产出换算成统一的计量单位，只要所使用的决策单位中是统一的计量单位，那么将不会影响效率的评估结果。

3. 数据包络分析方法既可以反应出每个决策单元的综合效率，代表着每个决策单元的全要素生产率情况，从而可以从整体上描述出每个决策单元的资源配置情况，也可以反应出每个决策单元的规模效率和纯技术效率，更重要的是数据包络分析方法评估的是决策单元的相对效率，从而可以对决策单元之间的比较效率做出评价。

4. 数据包络分析方法中投入产出的权重是由模型中的数学规划计算出来的，而不是人为主观地赋予其权重，这样就避免了主观因素的影响，使得对决策单元的效率评价能够更加公平客观。

5. 数据包络分析方法对效率相对低下的决策单元给出了提高效率的途径，数据包络分析方法通过引入松弛变量，可以分析效率相对低下的决策单元的资源配置情况，从而能够有针对性地提高效率相对低下的决策单元的效率。

（二）数据包络分析模型评价效率的缺点分析

1. 数据包络分析方法评估的是决策单元的相对效率，而不是决策单元的绝对效率，要相对决策单元的绝对效率进行评估必须使用别的分析方法。

2. 数据包络分析对异常值反应比较敏感。如果由于统计数据质量、统计误差等原因导致一些数据异常，数据包络分析的结果将是不稳定的。

3. 数据包络分析对决策单元的数量具有一定的要求。被评估的决策单元的数目至少要为投入产出数目之和的两倍，否则如果决策单元的数量过少可能会对评价的结果产生误差。

第二节 不同经营规模农户的生产效率实证分析

一 输出和输入变量的选择

在测量农业生产效率输出变量的选择中，以往的研究文献主要采用以下几种指标：农业生产总值、粮食总产或者单产、农业增加值和农民人均纯收入等等。在实证研究中，有些学者使用了单一指标，如陈洪跃、许海平、董洪青等、罗刚平等以农业生产总值作为农业生产效率测量的输出变量，闵锐以种粮农户粮食总产值作为输出变量；有些学者则使用了多项指标，如李思使用农业生产总值和农业附加值作为输出变量，洪名勇以农业生产总值、粮食单产和农民人均纯收入作为输出变量，吴桢培（2009）使用水稻产量和净货币利润作为输出变量。本书在综合以往研究的基础上，结合本书的研究特点，将农业小麦种植的总收入作为农业生产效率测量的输出变量。

在测量农业生产效率输入变量的选择中，以往的研究文献主要采用以下几种指标：化肥投入量、农药投入量、种子投入量、农业机械总动力、播种面积、农业劳动投入等。本书在问卷调查中，重点考察了农户的物质投入（包括化肥投入、种子投入和农药投入）、雇工投入、农机机械使用费用和土地租金等，由于数据包络分析软件对数据质量的要求较高，不允许出现零值，但是对于小规模农户而言，他们很少或者较少的采用雇工经营，因此在雇工投入这一项上很多小规模农户的投入均为零值，这将对农业生产效率的测量产生较大的影响，而且从数值上看，雇工的投入数值较小，于是本书把雇工的投入并入到物质投入中去。同时，如果选取更多的投入指标体系，将可能会导致变量之间的多重共线性问题。因此，本书在尽可能地反映农业生产现实的条件下，以农户的物质雇工投入、农机机械使用费用和土地租金作为测量农业生产效率的输入变量。

二 实证分析结果

本书利用 Eviews8.0 计量软件实证分析不同经营规模农户的农业生产效率，结果见表6—1。

（一）从农业生产的纯技术效率看

数据包络分析的纯技术效率是指在一定规模的条件下，一个决策单元使用资源要素的生产效率，其数额的大小取决于该决策单元的管理状况和技术水平等因素。纯技术效率的数值介于 [0，1] 之间，如果纯技术效率等于1，则说明该决策单元资源要素的使用是有效率的，资源要素的生产潜力得到了充分的使用；如果纯技术效率等于0，则说明该决策单元资源要素的使用是完全无效率的，资源要素的生产潜力没有得到了有效的使用。

从样本总体看，被调查农户的纯技术效率是0.631；其中，耕种面积在0亩~20亩、20亩~40亩和40亩~60亩三个组别的较小规模农户的纯技术效率分别为0.594、0.675和0.607，样本中较小规模农户的平均纯技术效率为0.625；耕种面积在60亩~110亩、110亩~200亩和200亩以上三个组别的较大规模农户的纯技术效率分别为0.756、0.547和0.680，样本中较大规模农户平均纯技术效率为0.661。

从上述数据可以看出，规模效率的排序是：60亩~110亩>200亩以上>20亩~40亩>40亩~60亩>0亩~20亩>110亩~200亩。可见，随着农户小麦生产经营规模的不断扩大，其纯技术效率总体上呈现出先上升然后下降的趋势，耕种面积在60亩~110亩农户的纯技术效率最高，耕种面积在110亩~200亩农户的纯技术效率最低，其差别达到0.209。从较大规模农户和较小规模农户两个组别的比较可以看出，样本中较大规模农户平均纯技术效率要高于样本中较小规模农户的平均纯技术效率，前者比后者高出大约0.036，这说明样本中较大规模农户的资源要素得到了更为充分的利用；其中，样本中较小规模农户中纯技术效率最高的耕种面积在20亩~40亩的农户，其纯技术效率为0.675，样本较大规模农户中纯技术效率最高的耕种面积在60亩~110亩农户，其纯技术效率为0.756，后者比前者要高出0.081。

（二）从农业生产的规模效率看

数据包络分析的规模效率是指一个决策单元的实际生产规模与最优生产规模的差异，其直接反映为该决策单元的生产前沿与决策单元可以达到的最优生产前沿之间的比率。规模效率的数值也介于[0，1]之间，如果规模效率等于1，则说明该决策单元的生产规模是有效率的，实现了生产所要求的最优规模；如果规模效率等于0，则说明该决策单元的生产规模是完全无效率的，其产出完全偏离了最优规模。

从样本总体看，被调查农户的规模效率是0.893；其中，耕种面积在0亩~20亩、20亩~40亩和40亩~60亩三个组别的较小规模农户的规模效率效率分别为0.921、0.975和0.906，样本中小规模农户的平均规模效率为0.934；耕种面积在60亩~110亩、110亩~200

亩和 200 亩以上三个组别的较大规模农户的规模效率分别为 0.872、0.842 和 0.752，样本中较大规模农户的平均规模效率为 0.822。

从上述数据可以看出，规模效率的排序是：20 亩～40 亩＞0 亩～20 亩＞40 亩～60 亩＞60 亩～110 亩＞110 亩～200 亩＞200 亩以上。可见，随着农户小麦生产经营规模的不断扩大，其规模效率总体上呈现出先上升然后下降的趋势，耕种面积在 20 亩～40 亩农户的规模效率最高，耕种面积在 200 亩以上农户的规模效率最低，其差别达到 0.223。从较大规模农户和较小规模农户两个组别的比较可以看出，样本中较大规模农户的平均规模效率要低于样本较小规模农户的平均规模效率，前者比后者低 0.112，这说明样本中较小规模农户的实际生产规模更接近于最优生产规模；其中，样本中较小规模农户中规模效率最高的耕种面积在 20 亩～40 亩的农户，其规模效率为 0.975，样本中较大规模农户中规模效率最高的耕种面积在 60 亩～110 亩农户，其规模效率为 0.872，前者比后者要高出 0.103。

（三）从农业生产的综合技术效率看

数据包络分析的综合技术效率是由纯技术效率和规模效率两部分组成，其计算方式为纯技术效率乘以规模效率，因此综合技术效率要受到纯技术效率和规模效率的双重影响，综合评价和衡量了一个决策单元的资源使用效率和规模经营效率。规模效率的数值也介于 [0, 1] 之间，如果综合技术效率等于 1，则说明该决策单元的投入产出是有效率的，同时实现了纯技术效率和规模效率；如果综技术合效率等于 0，则说明该决策单元的投入产出是无效率的，完全没有实现了纯技术效率或者规模效率。

从样本总体看，被调查农户的综合技术效率是 0.562，总体上仍然偏低；其中，耕种面积在 0 亩～20 亩、20 亩～40 亩和 40 亩～60 亩三个组别的较小规模农户的综合技术效率分别为 0.541、0.661 和 0.556，样本较小规模农户的综合技术效率平均为 0.586；耕种面积在 60 亩～110 亩、110 亩～200 亩和 200 亩以上三个组别的较大规模农户的技术效率分别为 0.666、0.460 和 0.500，样本中较大规模农户的综合技术效率平均为 0.542。

从上述数据可以看出，综合技术效率的排序是：60 亩～110 亩＞20 亩～40 亩＞40 亩～60 亩＞0 亩～20 亩＞200 亩以上＞110 亩～200 亩。可见，随着农户小麦生产经营规模的不断扩大，其综合技术效率总体上呈现出先上升然后下降的趋势，耕种面积在 60 亩～110 亩农户的综合技术效率最高，耕种面积在 110 亩～200 亩农户的综合技术效率最低，其差别达到 0.206。从较大规模农户和较小规模农户两个组别的比较可以看出，样本中较大规模农户平均综合技术效率要低于样本中较小规模农户的平均综合技术效率，前者比后者要低大约 0.036，这说明样本中较小规模农户的整体生产效率水平更高；其中，样本中较小规模农户中综合技术效率最高的耕种面积在 20 亩～40 亩的农户，其综合技术效率为 0.661，样本中较大规模农户中综合技术效率最高的耕种面积在 60 亩～110 亩农户，其综合技术效率为 0.666，后者比前者要高出 0.005。

表 6—1　　2014 年不同经营规模农户的生产效率比较分析

土地经营规模	综合技术效率	纯技术效率	规模效率
样本总体	0.562	0.631	0.893
0 亩～20 亩	0.541	0.594	0.921
20 亩～40 亩	0.661	0.675	0.975
40 亩～60 亩	0.556	0.607	0.906
60 亩～110 亩	0.666	0.756	0.872
110 亩～200 亩	0.460	0.547	0.842
200 亩以上	0.500	0.680	0.752

第三节　农业最优经营规模的选择

农业生产的最优经营规模是一个动态演化的概念，受到自然、社

第六章 不同规模农户经营效率的实证分析

会、经济、文化、技术等诸多因素的影响,在不同条件的国家和地区,在同一国家和地区在农业发展的不同阶段,农业生产的最优经营规模也不尽相同。因此,鉴于我国领土幅员辽阔,各地自然经济条件差异较大,农业发展也处在不同的阶段和水平上这一国情,在全国范围内划定一个通用的最优经营规模显然是完全不切合实际的,必须依据不同区域的农业生产条件、农业发展阶段和水平、农业资源禀赋以及农业经营品种大体上测算出该地区的农业最优经营规模的范围。

如何确定农业生产的最优经营规模,众多学者从不同的角度提出了不同的标准。如刘代银(2014)深入探讨了粮食生产中最适规模的判定依据,他认为,专业农户粮食生产的家庭经营收入与外出务工收入相当时的经营规模是农业生产的最适规模,专业农户粮食生产的家庭经营收入与本地农民人均纯收入相当时的经营规模是农业生产最适规模的下限,不突破专业农户粮食生产最大投资能力和最大经营能力时的规模是农业生产最适规模的上限。郭庆海(2014)从效率和收入两个角度探讨了我国土地适度经营的规模,从效率的角度他认为应该以农户的收益最大化为标准来确定土地的适度经营规模,从收入的角度他认为应该以农户能够获得与城镇居民(或打工农户)大体相当的收入水平为标准来确定土地的适度经营规模。张红宇(2014)认为,各地县级以上农业部门可以依据自然经济条件、农村劳动力转移、农业机械化水平等因素,确定本地适度规模经营标准,并且他提出来确定农业适度规模经营的三大标准:一是与家庭成员的劳动生产能力和经营管理能力相适应,二是能实现较高的土地产出率、劳动生产率和资源利用率,三是能确保经营者获得与当地城镇居民大体相当的收入水平[1]。叶兴庆(2015)认为,粮食生产的适度规模经营必须充分考虑我国各地目前的农业技术生产条件,对于一年一熟的北方地区而言,100 亩～

---

[1] 农业部新闻办公室:《发展家庭农场 解困"谁来种地"》,《http://www.moa.gov.cn》2014 年 2 月 28 日。

120 亩是粮食生产比较适度的规模；而对于一年两熟的南方地区而言，60 亩~70 亩是粮食生产比较适度的规模①。总的来讲，张红宇从理论的高度阐述了农业生产的最优经营规模的标准，比较贴合我国农业发展的实际情况，本书在前面数据分析的基础上，主要以张红宇提出的标准为基准，并结合其余几位专家提出的标准，来界定山东省小麦生产的最优经营规模。

一 农业最优经营规模要与家庭成员的劳动生产能力和经营管理能力相适应

农业最优经营规模要能够与家庭成员的劳动生产能力和经营管理能力相适应，这一标准实际上包含着两个层次的含义：一是指农户的土地经营规模不能过小，使得家庭成员的劳动生产能力和经营管理能力无法充分发挥；二是农户的土地经营规模不能过大，从而导致以家庭成员的劳动生产能力和经营管理能力难以完成农业生产活动。从上面第一个层次的含义来看，如果农户的土地经营规模过小，其家庭成员就无法在农业内部实现充分就业，就只能转移到非农产业从事兼业化经营，因此农户的兼业化水平可以在一定程度上代表家庭成员的劳动能力和经营管理能够是否得到充分发挥。从 2014 年山东省小麦生产的调查问卷结果看，耕种面积在 0 亩~20 亩、20 亩~40 亩、40 亩~60 亩、60 亩~110 亩、110 亩~200 亩和 200 亩以上农户的兼业化率分别为 28.9%、34.0%、37.5%、81%、86% 和 83.1%。从上面的数据可以清晰地看出，耕种面积在 0 亩~20 亩、20 亩~40 亩、40 亩~60 亩的农户的兼业化率明显偏低，无法充分发挥家庭成员的劳动生产能力和经营管理能力，因此这些土地规模没有达到农业生产的最优经营规模；耕种面积在 60 亩~110 亩、110 亩~200 亩和 200 亩以上的农户的兼业化率均

---

① 孔明：《专家谈土地适度规模经营：北方 100 亩南方 60 亩》，《http://www.cnr.cn/》2015 年 6 月 4 日。

达到 80% 以上，那么就可以做出判断这些土地规模达到最优经营规模了吗？答案是否定的，这就涉及到上面第二个层次的含义，即如果农户土地经营规模过大，超过了家庭成员的劳动生产能力和经营管理能力范围，那么此时农户有两种选择，一是依靠家庭成员自身粗放式经营，难以实现劳动、土地、资本、技术的有效组合，降低农业生产效率；二是雇佣雇工与家庭成员一起经营，如果雇工的数量较少，家庭成员可以对雇工的生产活动进行有效地监督，那么雇工经营可以促进农业生产效率的提高，但是如果雇工的数量较多，家庭成员无法有效地对雇工的生产活动进行监督，那么雇工就会产生机会主义行为，降低农业生产效率。因此，从总体上讲，农业最优经营规模应该主要与家庭成员的劳动生产能力和经营管理能力相适应，可以少量使用雇工，但是不能大量使用。

二 农业最优经营规模要实现较高的土地产出率、劳动生产率和资源利用率

农业最优经营规模要能够实现较高的土地产出率、劳动生产率和资源利用率，这一标准的重点在于农户要实现劳动、土地、资本、技术等农业生产要素的有效配置，以实现农业生产效率的提升。根据 2014 年不同经营规模农户的小麦生产绩效比较分析表，从亩均成本排序看，0 亩 ~ 20 亩 > 200 亩以上 > 20 亩 ~ 40 亩 > 40 亩 ~ 60 亩 > 110 亩 ~ 200 亩；从亩均产量排序看，0 亩 ~ 20 亩 > 60 亩 ~ 110 亩 > 20 亩 ~ 40 亩 > 40 亩 ~ 60 亩 > 110 亩 ~ 200 亩 > 200 亩以上；从亩均总收入排序看，0 亩 ~ 20 亩 > 60 亩 ~ 110 亩 > 20 亩 ~ 40 亩 > 40 亩 ~ 60 亩 > 200 亩以上 > 110 亩 ~ 200 亩；从亩均净收入排序看，0 亩 ~ 20 亩 > 60 亩 ~ 110 亩 > 20 亩 ~ 40 亩 > 40 亩 ~ 60 亩 > 110 亩 ~ 200 亩 > 200 亩以上；从亩均利润率排序看，60 亩 ~ 110 亩 > 0 亩 ~ 20 亩 > 20 亩 ~ 40 亩 > 40 亩 ~ 60 亩 > 110 亩 ~ 200 亩 > 200 亩以上。通过上述简单的数据分析可以看出，耕种面积在 200 亩以上的农户属于典型的"大投入小产出"类型，明显

可以看出是缺乏效率的；耕种面积在 60 亩~110 亩的农户属于典型的"小投入大产出"类型，应该是具有效率的；耕种面积在 0 亩~20 亩的农户属于典型的"大投入大产出"类型，耕种面积在 110 亩~200 亩的农户属于典型的"小投入小产出"类型，无法辨别它们效率是否具有效率；而耕种面积在 20 亩~40 亩、40 亩~60 亩农户的生产特征不是很清晰，也难以判断出它们是否具有效率。

通过数据包络分析软件（DEA）对不同经营规模农户的生产效率进行更加严密的计量分析，就可以较为明确地判断出不同规模农户生产效率的高低。耕种面积在 0 亩~20 亩、20 亩~40 亩、40 亩~60 亩、60 亩~110 亩、110 亩~200 亩和 200 亩以上农户的生产效率分别为 0.541、0.661、0.556、0.666、0.460 和 0.500，如果对不同规经营模农户的效率进行排序的话，那么 60 亩~110 亩>20 亩~40 亩>40 亩~60 亩>0 亩~20 亩>200 亩以上>110 亩~200 亩。其中，耕种面积在 60 亩~110 亩农户的生产效率最高，耕种面积在 200 亩以上农户的生产效率较低，上面所进行的简单数据分析得到了更为严格的验证。然而，值得关注的是，耕种面积在 20 亩~40 亩农户的生产效率为 0.661，与耕种面积在 60 亩~110 亩农户的生产效率（0.666）大体上相当，因而单从生产效率效率的角度来看，耕种面积在 20 亩~40 亩和 60 亩~110 亩的农户都是具有较高的农业生产效率的。

表 6—2　2014 年不同规模农户小麦生产的绩效比较分析

	样本总体	[0, 20)	[20, 40)	[40, 60)	[60, 110)	[110, 200)	200 亩以上
亩均成本（元）	842.86	858.2	850.3	828.26	811.02	807.68	852.97
亩均产量（元）	1026.9	1098.4	1060.7	1000.8	1063.87	905.15	903.37
亩均总收入（元）	1246.38	1348.3	1248.2	1190.4	1291.64	1118.4	1130.7
亩均净收入（元）	403.52	490.1	397.9	362.11	480.62	310.71	277.75
亩均利润率（％）	47.88	57.11	46.80	43.72	59.26	38.47	32.56
经济效率	0.562	0.541	0.661	0.556	0.666	0.460	0.500

三 农业最优经营规模要确保农业经营者获得与当地打工农民（或城镇居民）大体相当的收入水平

从收入的角度来研究农业的最优经营规模是建立在机会成本的逻辑基础之上的。从机会成本的视角看，如果农民留在农村从事农业生产经营活动，那么从短期来看，是农民失去了在非农产业打工所取得的收入；从长期来看，是农民失去了成为城镇居民所能获取的非农产业收入。因此，从短期来看，农业最优经营规模要确保农业经营者能够获得与外出打工人员大体相当的收入水平；从长期来看，农业最优经营规模要确保农业经营者能够获得与当地城镇居民大体相当的收入水平。

2014 年山东省耕种面积在 0 亩~20 亩、20 亩~40 亩、40 亩~60 亩、60 亩~110 亩、110 亩~200 亩和 200 亩以上农户的劳均纯收入分别为 19657 元、31187 元、25603 元、40814 元、49567 元和 101338 元，2014 年山东省外出务工农民工年收入是 35580 元，耕种面积在 0 亩~20 亩、20 亩~40 亩、40 亩~60 亩、60 亩~110 亩、110 亩~200 亩和 200 亩以上的农户与外出打工农民工收入差距之比分别为 0.55∶1、0.88∶1、0.72∶1、1.15∶1、1.39∶1 和 2.85∶1。从上面的数据可以看出，耕种面积在 0 亩~20 亩、20 亩~40 亩和 40 亩~60 亩农户的劳均收入要低于外出打工收入，耕种面积在 60 亩~110 亩和 110 亩~200 亩农户的劳均收入要外出打工收入大体相当，耕种面积在 200 亩以上农户的劳均收入要远远高于外出打工收入。因此，从短期看，耕种面积在 60 亩~110 亩和 110 亩~200 亩是农业生产的最优经营规模。

2014 年山东省耕种面积在 0 亩~20 亩、20 亩~40 亩、40 亩~60 亩、60 亩~110 亩、110 亩~200 亩和 200 亩以上农户的人均纯收入分别为 9600 元、17079 元、15481 元、22896 元、26513 元和 52696 元，2014 年山东省城镇居民人均可支配收入为 29222 元，耕种面积在 0 亩~20 亩、20 亩~40 亩、40 亩~60 亩、60

亩~110亩、110亩~200亩和200亩以上的农户与城镇居民收入差距之比分别为0.33∶1、0.58∶1、0.53∶1、0.78∶1、0.91∶1和1.8∶1。从上面的数据可以看出，耕种面积在0亩~20亩、20亩~40亩、40亩~60亩和60亩~110亩农户的人均纯收入要低于农户外出打工收入，耕种面积在110亩~200亩农户的人均纯收入与外出打工收入大体相当，耕种面积在200亩以上农户的人均纯收入要高于外出打工收入。因此，从长期看，耕种面积在110亩~200亩是农业生产的最优经营规模。

从上面三个标准的分析可以看出，从家庭成员的劳动生产能力和管理能力的角度来衡量，耕种面积在60亩~110亩、110亩~200亩和200亩以上有可能是农业的最优经营规模，但是还需要结合其他标准来进一步做出判定；从农业生产效率的角度来衡量，耕种面积在20亩~40亩和60亩~110亩是农业的最优经营规模；从收入的角度来衡量，短期看耕种面积在60亩~110亩和110亩~200亩是农业的最优经营规模，长期看耕种面积在110亩~200亩是农业的最优经营规模。综上所述，在当前山东省的农业生产条件下，耕种面积在60亩~110亩是农业的最优经营规模。

第四节 不同规模农户生产效率的影响因素分析

一 Tobit模型

Tobit模型是1981年诺贝尔经济学奖获得者J·托宾（James.Tobin）在1958年提出来的一个经济计量学模型，其基本结构为：$Y_i = X_i \beta$。在上式中，Y_i（y_1, y_2, y_3, …y_i）为被解释变量矩阵，X（x_1, x_2, x_3, …x_i）为解释变量矩阵，β（β_1, β_2, β_3, …β_i）为估计参数矩阵，其模型的一般表达式为：

$Y_i = \beta X_i + \gamma_i$（$\beta X_i + \gamma_i > 0$）

或 $Y_i = 0$（$\beta X_i + \gamma_i \leq 0$）。

在统计分析过程中，经常会遇到下面这种情况，即解释变量能

第六章 不同规模农户经营效率的实证分析

够实际观测到,而被解释变量却只能以受限的方式观察到。作为处理这种截尾因变量与自变量相关关系的回归模型,Tobit 模型也称为"受限因变量模型"。本书前面利用 DEA 模型计算出的不同规模农户的效率取值介于 0 和 1 之间,具有被切割(Truncated)或截断(Censored)的特点,如果利用普通最小二乘法(OLS)进行回归计量分析,参数估计就可能会出现一定程度的误差。因此,针对这种情况,本书采用 Tobit 模型来研究影响不同规模农户生产效率的影响因素。

二 理论假设

一般来说,农户的生产效率要受到多种因素的综合影响,是农户户主个体特征、农户家庭资源禀赋、外部生产环境和政府扶持政策等多种因素共同作用的结果。在借鉴前人研究的基础上,本书将农户户主个体特征、农户家庭资源禀赋、外部生产环境和政府扶持政策等变量纳入一个统一的分析框架,并提出以下理论假设:

1. 农户户主个体特征。农户户主个体特征主要包括农户户主的性别、年龄、受教育水平、从业经历、技术水平和经营意识等多方面的因素。

(1) 农户户主性别。一般情况下,男性户主比女性户主身体更为强壮,拥有更为丰富的社会网络资本,农业经营管理水平更高,因此具有更高的农业生产效率。在 227 个有效调查样本中,户主为男性的 212 人,所占比例为 93.4%;户主为女性的 15 人,所占比例为 6.6%。

(2) 农户户主年龄。一般情况下,年龄较小的农户户主往往年富力强,拥有更强的学习能力和创新精神,在农业生产过程中更愿意采用先进的技术,然而年龄较大的农户户主往往拥有更为丰富的农业种植经验,能够及时地发现并解决农业生产中的种种问题,有效地降低农业经营的风险。同时,目前山东省包括农业产前、产中、产后在内的农业社会化服务水平较高,农业生产的大部分已经被农业机械所替代,农业生产已经不需要劳动强度较大的人工投入。因此,农户户主年龄如何影响农业的生产效率这一问题难以确定。在 227 个有效调查样本中,农户户主平均年龄为 48.4 岁,年龄在 30 岁以下农户户主所占的比例为 2.20%,年龄在 30 岁~39 岁之间所占的比例为 8.37%,年龄在 40 岁~49 岁之间所占的比例为 44.93%,年龄在 50 岁~59 岁之间所占的比例为 38.33%,年龄在 60 岁以上所占的比例为 6.17%。

(3) 农户户主受教育程度。受教育程度是客观反映农户户主人力资本存量的重要指标之一。一般情况下,受教育程度更高的农户户主往往视野更为开阔,拥有更强的获取农业生产相关信息的能力,更愿意科学种田,能够通过更多的途径有效地解决农业生产中遇到的种种困难,因此受教育程度更高的农户户主具有更高的农业生产效率。在 227 个有效调查样本中,具有小学文化程度的农户户主为 55 人,所占比例为 24%;具有初中文化程度的农户户主为 110 人,所占比例为 49%;具有高中文化程度的农户户主为 55 人,所占比例为 24%;具有大专以上文化程度的农户户主为 7 人,所占比例为 3%。

(4) 农户户主的从业经历。目前,农户户主的身份主要有普通农民、村干部、农民合作社主要负责人和农机手等。一般情况下,相比较于普通农民,担任过村干部、农民合作社主要负责人和做过农机手的农户户主农业生产经验较为丰富,拥有更高的农业经营管理水平,因而农业生产效率更高。在 227 个有效调查样本中,农户户主身份为普通农民的人数为 180 人,所占比例为 79.30%;农户户主身份为村干部的人数为 17 人,所占比例为 7.49%;农户户主身份为农民合作社主要负责人和农机手的人数为 30 人,所占比例为 13.21%。

(5) 农户户主的技术水平。一般情况下,接受过相关农业技术培训的农户户主农业生产的技术水平更高,因而农业生产效率更高。在 227 个有效调查样本中,接受过相关农业技术培训的农户户

第六章　不同规模农户经营效率的实证分析

主人数为 146 人，所占比例为 64.32%；没有接受过相关农业技术培训的农户户主人数为 81 人，所占比例为 35.68%。

（6）农户户主的经营意识。一般情况下，愿意使用新技术、新产品的农户可以取得更高的农业生产收益，因而农业生产效率更高。在 227 个有效调查样本中，不愿意花更多的钱使用新技术、新产品的农户户主人数为 30 人，所占比例为 13.21%；等别人使用有效后再使用新技术、新产品的农户户主人数为 59 人，所占比例为 25.99%；愿意花更多的钱使用新技术、新品种的农户户主为 59 人，所占比例为 60.79%

2. 农户家庭资源禀赋。农户家庭资源禀赋主要包括家庭拥有的劳动力个数、所经营的土地经营规模、耕地质量和土地块数等诸多因素。

（1）家庭劳动力个数。一般情况下，拥有更多劳动力的农户在农业生产过程中能够投入更多的劳动力，从而获得更高的土地收益，因而农业生产效率更高。在 227 个有效调查样本中，家庭劳动力平均人数为 2.3 人，家庭劳动力人数为 1 人的农户为 10 户，所占比例为 4.4%；家庭劳动力人数为 2 人的农户为 151 户，所占比例为 66.5%；家庭劳动力人数为 3 人的农户为 47 户，所占比例为 20.7%；家庭劳动力人数为 4 人的农户为 13 户，所占比例为 5.73%；家庭劳动力人数为 4 人以上的农户为 6 户，所占比例为 2.64%。

（2）家庭所耕种的土地经营规模。在前面的文献研究中已经指出，土地经营规模与农业生产效率之间的关系难以确定。在 227 个有效调查样本中，平均土地经营规模为 85.24 亩，耕种面积为 0 亩～20 亩的超小规模农户户数为 74 户，所占比重为 32.60%；耕种面积为 20 亩～40 亩的较小规模农户户数为 38 户，所占比重为 16.74%；耕种面积为 40 亩～60 亩的较小规模农户户数为 39 户，所占比重为 17.18%；耕种面积为 60 亩～110 亩的农户户数为 23 户，所占比重为 10.13%；耕种面积为 110 亩～200 亩的农户户数为 26 户，所占比重为 11.45%；耕种面积为 200 亩以上的大规模农户户数为 27 户，所占比重为 11.89%。

（3）家庭所耕种的土地质量。一般情况下，如果农户耕种土地的质量越高，其土地收益越高，因而农业生产效率更高。在 227 个有效调查样本中，耕地质量较差的农户户数为 31 户，所占比重为 13.65%；耕地质量一般的农户户数为 128 户，所占比重为 56.39%；耕地质量较好的农户户数为 68 户，所占比重为 29.96%。

（4）家庭拥有的土地块数。一般情况下，如果农户拥有的土地块数越多，单位土地面积就越小，土地细碎化问题就越严重，其农业生产效率越低。在 227 个有效调查样本中，平均经营地块为 4.71 块，耕种面积在 0 亩~20 亩、20 亩~40 亩、40 亩~60 亩、60 亩~110 亩、110 亩~200 亩和 200 亩以上六个组别农户的平均经营地块数分别为 2.92 块、5.12 块、5.11 块、3.96 块、6.54 块和 6.44 块，平均每块土地的面积分别为 3.35 亩、6.58 亩、10.51 亩、22.95 亩、24.37 亩、45.56 亩。

3. 外部生产环境。本书以"农户是否加入农民合作社"来代表农户所面临的外部生产环境。一般情况下，参加农民合作社能够为农户带来许多方面的好处，比如能够获得农业生产方面的各种信息，能够以较低的价格购买农业生产资料和以较高的价格卖出农产品以及获得农民合作社的种种服务等等，因而参加农民合作社的农户能够获得更高的农业生产收益，从而具备较高的农业生产效率。在 227 个有效调查样本中，没有参加农民合作社的农户户数为 159 户，所占比例为 70.04%；参加农民合作社的农户户数为 68 户，所占比例为 29.96%。

4. 政府扶持政策。一般情况下，能够获得政府财政补贴的农户有更大的积极性和主动性从事农业生产，因而能够更有效地提高农业生产效率。在 227 个有效调查样本中，没有获得政府财政补贴的农户户数为 15 户，所占比例为 6.6%；获得政府财政补贴的农户户数为212户，所占比例为93.4%。

表6—3　　　　　变量的定义、赋值与描述性统计

	解释变量	变量含义	平均值	标准差	预期影响
农户户主个体特征	性别（x_1）	男=1；女=2	1.066	0.249	负向
	年龄（x_2）	单位：岁	48.42	7.680	不确定
	受教育水平（x_3）	小学及以下=1；初中=2；高中=3；大专及以上=4	2.044	0.769	正向
	从业经历（x_4）	普通农民=1；村干部=2；农机手、农民合作社主要负责人等=3	1.339	0.701	正向
	是否接受过培训（x_5）	接受过=1；未接受过=0	0.643	0.480	正向
	是否愿意花钱使用新技术、新品种（x_6）	不愿意=1；等别人使用有效后再使用=2；愿意=3	2.457	0.718	正向
农户家庭资源禀赋	劳动力个数（x_7）	单位：个	2.370	0.914	正向
	土地经营规模（x_8）	单位：亩	81.65	105.889	不确定
	耕地质量（x_9）	较差=1；一般=2；较好=3	2.163	0.641	正向
	土地块数（x_{10}）	单位：块	4.357	3.671	负向
外部生产环境	是否参加农民合作社（x_{11}）	是=1；否=0	0.299	0.459	正向
政府扶持政策	是否获得政府补贴（x_{12}）	是=1；否=0	0.934	0.249	正向

三 模型估计与结果分析

在进行 Tobit 模型回归之前，本书首先利用 eviews8.0 统计软件实证分析了模型可能存在的多重共线性问题，所得估计结果见表6—4，回归结果显示，各变量之间均不存在线性关系，因而模型也不存在着多重共线性问题。随后，本书利用 eviews8.0 统计软件对影响农户经营效率的影响因素进行了 Tobit 模型实证分析，所得估计结果见表6—5。根据模型回归的结果显示，赤池信息准则值和施瓦茨准则值分别为 -0.576290 和 -0.365059，两者的绝对值都小于1，表明模型分别通过了赤池准则和施瓦茨准则；同时，该模型的极大似然值为 79.40886，数值较大。可以看出，模型整体拟合度较好，显著性较强。

表6—4　　　　　变量之间的多重共线性检验

	x_1	x_2	x_3	x_4	x_5	x_6	x_7	x_8	x_9	x_{10}	x_{11}	x_{12}
x_1	1.000	-0.029	-0.062	0.049	-0.024	-0.152	-0.011	-0.018	0.071	-0.050	-0.019	-0.358
x_2	-0.029	1.000	-0.177	0.049	0.008	-0.133	0.193	-0.097	0.022	0.061	-0.098	-0.048
x_3	-0.062	-0.177	1.000	0.136	0.199	0.138	-0.017	0.217	-0.086	0.157	0.176	0.015
x_4	0.049	0.049	0.136	1.000	0.164	0.047	0.121	0.107	-0.074	0.386	-0.015	0.002
x_5	-0.024	0.008	0.199	0.164	1.000	0.366	0.060	0.313	0.032	0.143	0.427	0.246
x_6	-0.152	-0.133	0.138	0.047	0.366	1.000	0.000	0.274	0.013	0.202	0.317	0.374
x_7	-0.011	0.193	-0.017	0.121	0.060	0.000	1.000	0.133	-0.103	-0.022	0.093	0.088
x_8	-0.018	-0.097	0.217	0.107	0.313	0.274	0.133	1.000	-0.029	0.162	0.551	0.076
x_9	0.071	0.022	-0.086	-0.074	0.032	0.013	-0.103	-0.029	1.000	-0.109	-0.001	-0.043
x_{10}	-0.050	0.061	0.157	0.386	0.143	0.202	-0.022	0.162	-0.109	1.000	0.039	0.045
x_{11}	-0.019	-0.098	0.176	-0.015	0.427	0.317	0.093	0.551	-0.001	0.039	1.000	0.174
x_{12}	-0.358	-0.048	0.015	0.002	0.246	0.374	0.088	0.076	-0.043	0.045	0.174	1.000

1. 农户户主个体特征的影响

（1）农户户主性别。"农户户主性别"变量通过了5%统计水

第六章 不同规模农户经营效率的实证分析 135

平的显著性检验，其系数为正，其回归系数为 0.1168，与预测的结果相反。通过仔细审查 15 个女性户主的资料发现，她们的平均年龄要低于男性户主，平均耕种面积为 74.7 亩，相对比较适中，更为重要的是，她们所耕种的土地质量近一半左右为较好，没有较差的土地，因此她们的生产效率要高于男性户主。但是，由于女性户主的样本过小且样本量具有一定的特殊性，难以全面反映出女性户主与男性户主在农业生产效率方面的差异，因此户主性别变量对农业生产效率的影响无法得到确认。

（2）农户户主年龄。"农户户主年龄"变量对农业经营效率具有正向影响，其回归系数为 0.002216，但是没有通过统计上的显著性检验。原因可能在于，山东省农机合作社发展势头迅猛，小麦生产的农业机械化水平非常高，农业生产劳动强度显著降低，而年龄大的农户农业生产经验丰富，更有助于农业生产效率的提升。

（3）农户户主受教育程度。"农户户主受教育程度"变量对农业经营效率具有负向影响，与预测的结果相反，但是其回归系数较小，仅为 -0.00023，并且没有通过统计上的显著性检验。这说明农户受教育程度上的优势并没有转化为农业生产效率上的优势，原因可能在于，受教育程度高的农户收入来源比较广泛，并不单纯依赖于农业生产，而受教育程度低的农户收入来源则相对比较单一，更可能专注于农业生产。

（4）农户户主的从业经历。"农户户主的从业经历"变量通过了 1% 统计水平的显著性检验且系数为正，其回归系数为 0.071111，与预测的结果相一致。这说明在农业生产过程中，村干部、农民合作社主要负责人和农机手通过"干中学"，积累了丰富的农业生产经验，使他们能够有效地提高农业资源的配置水平和农业经营管理水平，提高了农业生产效率。

（5）农户户主的技术水平。"农户户主的技术水平"变量对农业经营效率具有负向影响，其回归系数为 -0.03724，与预测的结果相反，而且没有通过统计上的显著性检验。这说明有关农业部门针对农民展开的农业技术培训并没有取得实质性良好的效果，很多培训只注重培训的数量却忽视了培训的质量，培训的内容并非农民所需要的，农民对培训的内容不感兴趣，甚至有些部门纯粹只是为了应付上级下派的任务，农民培训走过场流于形式。

（6）农户户主的经营意识。"农户户主的经营意识"变量通过了1%统计水平的显著性检验且系数为正，其回归系数为0.053386，与预测的结果相一致。这说明主动尝试新技术、新产品的农民能够有效的提高农业产量，降低农业生产成本，从而促进农业生产效率的提高。

2. 农户家庭资源禀赋的影响

（1）家庭劳动力个数。"家庭劳动力个数"变量通过了5%统计水平的显著性检验，其系数为负，其回归系数为-0.03151，与预测的结果相反。这说明农户农业劳动力数量的增多并没有带来农业生产效率水平的提高，对于大多数农户来说，经营较小规模的土地并不足以实现家庭劳动力的充分就业，也无法有效促进农业产出的增加。

（2）家庭所耕种的土地经营规模。"家庭所耕种的土地经营规模"变量通过了10%统计水平的显著性检验，其系数为负，其回归系数为-0.00022。这说明随着农户土地经营规模的逐步扩大，农业生产效率整体上呈现出下降的趋势，这也验证了阿玛提亚·森所提出来的农业发展中的"IR关系（inverse relationship）"。

（3）家庭所耕种的土地质量。"家庭所耕种的土地地质量"变量通过了5%统计水平的显著性检验，其系数为正，其回归系数为0.041586，与预测的结果相一致。这说明耕地质量是影响农业生产效率的重要变量，拥有高质量土地的农户的生产效率较高，而拥有较低质量土地的农户生产效率较低。

（4）家庭拥有的土地块数。"家庭拥有的土地块数"变量通过了1%统计水平的显著性检验，其系数为负，其回归系数为-0.01378，与预测的结果相一致。原因可能在于土地细碎化增加了农业劳动力和农业机械的生产成本,从而降低了农业生产效率,对农业生产有一定程度的负面影响。

表6—5 2014年不同规模农户生产效率影响因素Tobit模型的估计结果

解释变量	系数	标准误	Z统计量	概率
常数	0.274519	0.134565	2.040053	0.0413**
性别(x_1)	0.1168	0.049459	2.361553	0.0182**
年龄(x_2)	0.002216	0.00157	1.411935	0.158
受教育水平(x_3)	-0.00023	0.015787	-0.01424	0.9886
从业经历(x_4)	0.071111	0.018113	3.925848	0.0001***
是否接受过培训(x_5)	-0.03724	0.028222	-1.31952	0.187
是否愿意花钱使用新技术、新品种(x_6)	0.053386	0.018776	2.843362	0.0045***
劳动力个数(x_7)	-0.03151	0.013096	-2.40593	0.0161**
土地经营规模(x_8)	-0.00022	0.000134	-1.65516	0.0979*
耕地质量(x_9)	0.041586	0.018066	2.301939	0.0213**
土地块数(x_{10})	-0.01378	0.003504	-3.93292	0.0001***
是否参加农民合作社(x_{11})	0.022906	0.032028	0.715194	0.4745
是否获得政府补贴(x_{12})	-0.10167	0.053301	-1.90739	0.0565**
	因变量均值:0.558458		因变量标准差:0.191801	
	回归的标准误:0.176053		赤池信息准则:-0.576290	
	残差平方和:6.601867		施瓦茨准则:-0.365059	
	极大似然值:79.40886		汉南-奎因准则:-0.491055	
	对数似然函数的平均值:0.349819		总变量数:227	

注:***、**和*分别表示在1%、5%和10%的统计水平上显著。

3. 外部生产环境的影响

"农户是否参加农民合作社"变量对农业经营效率具有正向影响，其回归系数为 0.022906，与预测的结果相一致，但是该变量没有通过统计上的显著性检验。原因可能在于农户虽然参加了农民合作社，但是相当数量的农民合作社只是徒有形式，并没有实质性的发挥作用，农户从农民合作社获取的农业社会化服务也比较有限。

4. 政府扶持政策的影响

"农户是否获得政府补贴"变量通过了 10% 统计水平的显著性检验，其系数为负，其回归系数为 -0.10167，与预测的结果相反。这说明政府财政补贴没有取得预期的调动农民农业生产积极性的效果，原因可能在于当前的农业补贴缺乏目标性，近乎是普惠制的，大部分种地的农民都能获得政府的补贴，甚至有些经营规模较大的农户其心思并不全部在于农业生产，而在于能够获取国家的财政补贴。

四 主要研究结论

本书利用山东省 2014 年 227 户小麦种植农户的微观调查数据，以农户的生产效率作为被解释变量，以农户户主的个体特征、农户的家庭资源禀赋、外部生产环境和政府扶持政策等变量作为解释变量，运用 Tobit 模型实证分析了农户生产效率的影响因素，主要得到以下结论：农户户主的从业经历、经营意识、所耕种的土地质量和家庭所拥有的土地块数等变量对农业生产效率表现出显著的正相关关系，家庭的劳动力个数、土地经营规模以及能否获得政府补贴等变量对农业生产效率表现出显著地负相关关系，而农户户主的年龄、受教育程度、培训经历以及是否参加农民合作社等变量对农业生产效率则没有显著的影响。

第七章　结论与政策建议

本书在对国内外学者关于农业规模经营的相关研究成果进行综述的基础上，首先利用调查问卷所获得的数据详细的分析了 2014 年山东省不同经营规模农户的家庭资源禀赋、家庭经营收入情况和种植小麦的成本收益情况，其次利用规模经济理论和生产效率理论比较分析了不同经营规模农户在组织治理结构、行为动机、行为特征等方面的差异，然后利用数据包络分析模型深入分析了不同经营规模农户的农业生产效率，综合分析了在当前的农业发展水平和经济社会条件下山东省小麦生产的最优经营规模，随后利用 Tobit 模型实证分析了影响不同经营规模农户生产效率的因素，最后在前面理论和实证研究的基础上提出了发展适度规模经营、提高农业生产效率的相关政策建议。

第一节　本书的研究结论

本书重点从理论与实证两个角度对不同经营规模农户的生产绩效进行了深入而系统的研究，主要得出以下六个方面的研究结论。

一　依靠农业规模经营提高农户收入的任务仍然比较艰巨

千方百计提高农民收入水平、逐步缩小城乡居民收入差距增，是"三农"全部工作的出发点和落脚点，也是快推进城乡经济社会一体化、使农民共享经济发展成果、全面建设小康社会和实现乡村振兴战略的关键所在。从所调查的样本来看，2014年山东省耕种面积在0亩~20亩、20亩~40亩、40亩~60亩、60亩~110亩、110亩~200亩和200亩以上六个组别农户的人均纯收入分别为9600元、17079元、15481元、22896元、26513元和52696元，而2014年山东省城镇居民人均可支配收入为29222元，六个组别人均纯收入与城镇居民人均可支配收入之差为 -19622元、-12143元、-13741元、-6326元、-2709元和23474元，六个组别与城镇居民的收入比例分别为0.33∶1、0.58∶1、0.53∶1、0.78∶1、0.91∶1和1.8∶1。上述数据分析说明，要使城乡居民收入水平大体上实现均等化，每户农户至少要达到60亩~110亩左右的规模，2014年山东省共有1.14亿亩耕地，大约只需要100万~200万户左右的农户，而山东省目前大约共有1573.2万户农户，这就意味着山东省要将85%的农户全家整体转移到非农产业，而且随着我国经济社会的持续快速发展，城镇居民的人均可支配收入水平将会进一步提高，缩小城乡居民收入差距的任务将会越来越艰巨。因此，下一步农村工作的重点是探索如何提高农业的生产效率、降低农业生产的成本来提高农业规模经营的收益。

二　不同经营规模的农户具有不同的经营特征

对于不同经营规模的农户而言，他们的差异性不仅仅体现在其农业经营规模的大小，还体现在因其经营规模的不同而面临着不同的约束条件。比如不同规模农户面临着不同的农业风险，对于较大规模农户来说，因其经营规模的扩大所面临的自然风险、市场风险就越高，而且农业是其主要收入来源，因此农业风险是较大规模农户必须重点考虑的问题；而对于大部分较小规模农户而言，农业已经不是其收入的第一来源，因此对于农业风险的重视

第七章 结论与政策建议

程度并不高。① 不同经营规模农户所面临约束条件的差异决定了他们在治理结构、行为动机以及行为特征方面的差异。

从组织内部治理结构看，较小规模农户分工专业化水平较低，所以内部治理效率较低；虽然较大规模农户分工专业化水平较高，但是也必须保持适度规模经营，否则可能会因为经营规模过大超出家庭成员的经营能力范围和农业经营风险的增加而导致内部治理效率低下。从组织外部治理效率看，在与其他利益相关主体博弈时，较小规模农户由于缺乏影响市场的力量而处于弱势的地位，而较大规模农户则在要素市场和农产品市场都具有一定的影响力，在与市场上的其他相关利益主体进行博弈时具有较强的讨价还价能力，因而拥有较高的外部治理效率。农业生产的社会化给较小规模农户带来了新的压力，使他们的生活面临着更大的风险和不确定性，这种风险和不确定性给他们带来了货币化的压力，其结果是较小规模农户家庭经济围绕着货币而开展，其行为动机是货币收入最大化，以缓解生产生活社会化带来的现金支出压力，而非像理性经济人那样追求利润最大化，因此追求货币收入最大化是较小规模经营农户的主要行为动机；而较大规模农户是以边际成本等于边际收益的方式使用先进的生产技术和管理方式，提高农业生产的社会化分工和专业化水平，使生产要素的投入水平达到最佳组合，实现劳动、土地、资本、技术等生产要素的优化配置和更新来达到最佳效益，追求利润最大化是较大规模农户的行为动机。在行为特征上，与较小规模农户相比，较大规模农户农业专业化经营水平更高，农产品质量意识更高、更加具备合作意识、更需要农业社会化服务和更注重农业产业链的延伸。

---

① 笔者在山东省调研中发现过这样一种现象，2014 年部分县市发生大旱，各级政府采取种种措施鼓励农民抗旱救灾，然而一些地区的农民抗旱积极性并不高，部分农民不愿意放弃打工的机会去地区打井浇水，任由庄稼旱死。

三 农业生产效率总体上仍然偏低

作为国民经济发展的基础，农业的增长直接影响到整个经济的增长和国民收入水平的提高。促进农业生产效率的持续提高是我国农业发展的核心目标之一，直接关系到我国的粮食供给的安全和农产品的国际竞争能力，也是促进我国由"粗放式"的传统农业向"集约型"的现代农业过渡和实现乡村振兴战略的必由之路。提高农业生产效率既要提高农业的单要素生产率——土地产出率、劳动生产效率，也要提高农业的全要素生产率——资源利用效率。从土地产出率看，我国粮食生产已经达到世界先进水平，2014年小麦单产达到349.55公斤/亩，位居世界第二位；玉米单产达到387.80公斤/亩，位居世界第三位；水稻单产达到454.05公斤/亩，位居世界第二位。[1] 从劳动生产率看，中国每100斤稻谷的人工成本为51.87元，要比美国高出737.11%，中国每100斤小麦的人工成本为45.92元，要比美国高出702.95%，中国每100斤玉米的人工成本为46.66元，要比美国高出2084.71%。从资源利用效率看，被调查农户的综合技术效率是0.562，这说明农业资源利用效率明显偏低；从综合技术效率的两个构成要素看，被调查农户的规模效率是0.893，这说明农户的实际生产规模与最优生产规模的差异并不是很大，农业生产具有较高的规模效率；被调查农户的纯技术效率是0.631，这说明农业生产的管理状况和技术水平还有待于提高。因此，从整体上看，尽管我国农业的土地产出率水平很高，但是劳动生产率和资源利用效率水平比较低，总体上讲农业生产效率总体上仍然偏低。

四 不同经营规模农户的生产效率具有较大的差异性

不同经营规模农户在治理结构、经济行为动机以及行为特征等

---

[1] 郑文慧：《我国粮食价格缘何成为世界高地？》，《华南粮网》2015年5月18日。

方面存在着较大的差异，从而决定了他们在农业生产效率方面也具有较大的差异性。从综合技术效率看，耕种面积在 0 亩~20 亩、20 亩~40 亩、40 亩~60 亩、60 亩~110 亩、110 亩~200 亩和 200 亩以上六个组别农户的效率分别为 0.541、0.661、0.556、0.666、0.460 和 0.500；被调查农户的综合技术效率排序为：60 亩~110 亩>20 亩~40 亩>40 亩~60 亩>0 亩~20 亩>200 亩以上>110 亩~200 亩，其中耕种面积在 60 亩~110 亩农户的综合技术效率比耕种面积在 110 亩~200 亩农户要高出 0.206。从纯技术效率看，耕种面积在 0 亩~20 亩、20 亩~40 亩、40 亩~60 亩、60 亩~110 亩、110 亩~200 亩和 200 亩以上六个组别农户的效率分别为 0.594、0.675、0.607、0.756、0.547 和 0.680；被调查农户的纯技术效率排序为：60 亩~110 亩>200 亩以上>20 亩~40 亩>40 亩~60 亩>0 亩~20 亩>110 亩~200 亩，从整体上看较大规模农户的纯技术效率要高于较小规模农户的纯技术效率，这说明较大规模农户的资源要素潜力得到了更为充分的利用。从规模效率看，耕种面积在 0 亩~20 亩、20 亩~40 亩、40 亩~60 亩、60 亩~110 亩、110 亩~200 亩和 200 亩以上六个组别农户的效率分别为 0.921、0.975、0.906、0.872、0.842 和 0.752；被调查农户的规模效率排序为：20 亩~40 亩>0 亩~20 亩>40 亩~60 亩>60 亩~110 亩>110 亩~200 亩>200 亩以上，从整体上看与纯技术效率的趋势相反，较小规模农户的规模效率要高于较大规模农户的规模效率，这说明较小规模农户的实际经营规模更接近于最优水平。

五 经营面积在 60 亩~110 亩是当前山东小麦生产的最优经营规模

在借鉴前人研究成果的基础上，本书提出了界定粮食生产最优经营规模的三大标准，即农业最优经营规模要能够与家庭成员的劳动生产能力和经营管理能力相适应，农业最优经营规模要能够实现较高的土地产出率、劳动生产率和资源利用率，农业最优经营规模要能够确保经营者获得与当地打工农民（或城镇居民）大体相当的收入水平。从家庭成员的劳动生产能力和经营管理能力标准看，耕种面积在 60 亩~110 亩、110 亩~200 亩和 200 亩以上均能够充分发挥家庭成员的劳动生产能力和经营管理能力；从农业生产效率的标准看，耕种面积在 20 亩~40 亩和 60 亩~110 亩的农户都具有较高的农业生产效率的；从收入的标准看，在短期内耕种面积在 60 亩~110 亩和 110 亩~200 亩农户的人均纯收入与外出打工收入大体相当，在长期内耕种面积在 110 亩~200 亩农户的人均纯收入与城镇居民人均可支配收入大体相当。综合以上数据分析，在当前山东省的农业生产条件下，耕种面积在 60 亩~110 亩将是农业的最优经营规模。

六 农业生产效率显著地受到农户户主从业经历、经营意识、所拥有的耕地质量和块数等因素的影响

本书利用 2014 年山东省 227 户小麦种植农户的微观调查数据，以农户的生产效率为被解释变量，以农户户主个体特征、农户资源禀赋、外部生产环境和政府扶持政策等变量为解释变量，运用 Tobit 模型实证分析了农户生产效率的影响因素，实证分析结果如下：农户户主的从业经历、经营意识、土地块数变量均通过了 1% 的显著性检验，与农业生产效率表现出显著的正相关关系；家庭的劳动力个数、耕地质量以及能否获得政府补贴等变量通过了 5% 的显著性检验，其中耕地质量变量与农业生产效率呈现出正相关关系，劳动力个数、政府补贴等变量与农业生产效率呈现出负相关关系；土地经营规模变量通过了 10% 的显著性检验，与农业生产效率呈现出负相关关系；而农户户主的年龄、受教育程度、培训经历以及是否参加农民合作社等变量对农业生产效率则没有显著的影响。

第二节 本书的研究不足与未来研究展望

一、我国地大物博、幅员辽阔，不同的省份具有自身独特的省情农情，整体经济社会发展处于不同的发展阶段，农业资源禀赋也存在着较大的差异性，比如山东省属于北方沿海发达省份，经济发展水平比较高，土地以平原丘陵为主，人口多耕地少，人均耕地为1.21亩；而像黑龙江省属于北方经济欠发达省份，经济发展水平一般，土地以肥沃的平原为主，人口较少而耕地资源丰富，人均耕地为4.6亩，这种农业资源禀赋决定了黑龙江省的农业最优规模水平要高于山东省；又比如浙江省属于南方沿海经济发达省份，经济发展水平非常高，土地以丘陵山区为主，人口较多但是耕地资源少，人均耕地只有0.56亩，这种农业资源禀赋决定了浙江省的农业最优规模水平要低于山东省。因此，本书以山东省为例来探讨不同经营规模农户的生产效率所得出的结论只能是在山东省范围内适用，而绝对不能把结论当成普适性的规律认为在全国范围内都适用，每个地区应该结合本地区农业发展的实际水平和资源禀赋，合理的确定本地区农业经营的最优规模。

二、本书主要以小麦为代表来研究山东省农业的最优经营规模，从农业发展的实际看，山东省的粮食作物一般为一年两熟，大部分农民除了种植一季麦子外，还种植玉米或者水稻等其他粮食作物，而种植玉米或者水稻所面临的约束条件与种植小麦有着较大的差异性，仅从农业机械化率的角度看，山东省小麦的机械化已经达到98%，而玉米的机收机械化率为71.5%，水稻的机械化率则相对更低。因此，不同粮食产业所面临的约束条件的差异决定了它们具有不同的最优经营规模，单一用小麦的最优经营规模难以全面地反映出农户经营的最优规模。未来的研究方向是以农户为单位，以农户种植的两种粮食作物为研究对象，利用相关计量软件分别计算不同粮食作物的最优经营规模，在综合考虑两种作物的基础上确定家庭经营的最优规模。

三、随着我国农业进入新常态发展阶段,种植专业大户、家庭农场、农民合作社、工商资本企业等新型农业经营主体在农业生产过程中发挥着越来越大的作用,种植专业大户、家庭农场都属于家庭经营的范畴,而农民合作社、工商资本企业则基本上属于公司雇佣经营的范畴,本书研究的重点是家庭经营的生产效率分析,缺乏对雇工经营的生产效率分析。未来的研究方向是从理论上深入分析家庭经营与雇工经营在农业生产效率上的差异,同时,利用调查问卷大量搜集农民合作社、工商资本企业在粮食生产方面的详细成本收益情况,实证分析他们的农业生产效率,然后与家庭经营的农业生产效率进行比较分析,以确定究竟是家庭经营还是雇工经营更有效率,来进一步指明未来我国农业发展的方向和道路。

第三节 政策建议

一 加强农业基础设施建设,提高农业综合生产能力

农业基础设施与农业生产息息相关,是支撑现代农业发展的基本物质要素和社会条件。完善的农业基础设施有助于降低农业生产成本,提高农业综合生产能力,推动农业供给侧结构性改革。从本质上讲,农业基础设施属于一个综合性的产业部门或产业部类。[1] 一般认为,它是由两个部分组成的,一是包括农田水利、电力、道路、仓储、运输、销售、气象、通讯等在内的物质基础设施,二是包括农业科技研发、教育培训、农技推广、政策管理、信息咨询等机构和设施在内的社会基础设施。[2] 本书的实证研究结果也说明,耕地质量对不同经营规模农户的生产效率具有显著性的正向影响,

---

[1] 林后春:《农业基础设施的供给与需求》,《中国社会科学》1995年第4期,第54页。

[2] 石爱虎:《国外农业基础设施建设的经验及其启示》,《中国软科学》1997年第6期,第105页。

而加强农田水利基础设施建设是提高农田耕地质量的重要途径。希腊经济学家 Mamatzakis（2003）利用希腊农业发展的数据对农业基础设施投资与农业生产效率之间的关系进行了实证分析，得出了与本书类似的研究结论，即每增加 1% 的农业基础设施投入，农业生产成本将会降低 0.38%；曾福生、李飞（2015）实证分析了 2000 年~2013 年间我国粮食生产成本与农业基础设施建设之间的关系，其研究结果发现，每增加 1% 的农业基础设施建设投资，能够减少稻谷、小麦和玉米的生产成本约为 0.069%、0.029% 和 0.102%，同时农业基础设施建设建设既能够有效地替代劳动投入，也能够与资本投入和中间要素投入形成互补。

农业基础设施建设在农业生产中的作用如此重要，已经成为世界各国或地区政府重点运用的扶持农业生产的政策工具手段。例如在日本，中央和地方政府全额拨款、全全负责大型农业基础设施的建设；中小型农业基础设施的建设，50% 的资金由中央政府承担，25% 由都道府县承担，15% 由市町村财政负担，农民只需要剩下的 10%。[1] 法国利用多样化的财政扶持政策诱导鼓励各类农业经营主体参加农业基础设施投资：（1）财政补贴。各级政府对家庭农场主、农民合作组织和农业企业参与农业基础设施建设给予直接性的财政补贴。例如对实施土地整理、农田水利维修、电气化改造等农业基础设施建设的农户政府给予 30% 以上的政策扶持，对进行农业灌溉设施改造和小型水库建设的农民合作组织给予 20%~40% 的财政补贴，对从事农业基础工程建设的农业企业给予 25% 以上的补助。（2）财政低息贴息贷款。对于那些符合政府政策要求和国家发展规划内的农业贷款项目，政府都给予低息贴息的优惠政策，一般农业贷款的年利率大约为 6%~8%，大大低于非农贷款的 12%~14% 的年贷款利率，而且对于从事农业基础设施的固定

---

[1] 范利君：《国外农业基础设施建设的实践及经验》，《世界农业》2014 年第 3 期，第 66 页。

资产投资，其年贷款利率只有3%~4%，其差价部分均有政府给予补贴。埃及政府出台了一系列优惠扶持政策措施支持农业基础设施建设，由中央政府投资农业重大水利工程、农业电网设施、农村田间道路等农业基础设施建设，农民农业生产生产可以免费使用灌溉用水；对农田土壤改良项目和农民购买农业生产资料政府给予无息贷款或者低息贷款；为了激励国外资本和社会资本投资农业基础设施建设，埃及政府还于1974年出台了相关投资法案。[①]

进入新世纪以来，随着各级政府农业农村投入的大幅增加，我国农业基础设施建设取得了一系列极为重要的成绩，农业生产条件获得了显著性改善，农业综合生产能力实现了突破性提高，为我国农业农村经济发展、粮食生产连续十二年增长和农业供给侧结构性改革奠定了坚实的基础。然而，由于历史遗留问题、以前农业资金投入严重不足、投入渠道不顺畅、资金使用效率底下等等种种原因，现有相当一部分农田水利工程中早就已经超过规定使用年限，超期服役，老化失修现象比较严重；由于农业基础设施管理维护不健全，体制政出多门，相关部门职能交叉重叠，特别是"重建设、轻管理"的现象比较突出，严重制约了我国农业农村经济的长期可持续发展。[②] 以山东为例，目前山东省耕地面积为1.14亿亩，其中40%的高产田粮食产量占全省产量的60%，而60%的中低产田粮食产量只占全省的40%；全省仍有1100多万亩耕地要靠天吃饭，40%的小农水长期老化失修。据有关部门测算，山东省如果每年改造10%的中低产田，粮食产量能够增加50多亿斤，年均增产将达到6%。

因此，我国要加强农田水利基础设施建设，建立农田基础设施建设的多元化资金投入体系，以县级为单位整合财政支农资金，利

[①] 石爱虎：《国外农业基础设施建设的经验及其启示》，《中国软科学》1997年第6期，第106页。

[②] 许静波：《我国农业基础设施建设的现状问题及对策》，《东北农业大学学报（社会科学版）》2011年第2期，第10页。

用财政直接补贴、低息贷款等方式来激励对农业生产经营主体进行农田基本建设和中低产田改造，加快推进"旱能浇、涝能排"的高标准农田大规模建设，以农田综合整理、土壤改良和灌溉排涝等措施加大中低产田升级改造，鼓励农民实施秸秆还田、使用农家肥有机肥和试点农田休耕，全面提升耕地质量和我国农业综合生产能力。同时，要进一步探索如何建立农田水利基础设施建设的长效运行机制，投入专项财政资金集中解决农田基础设施重建设、轻管理、建管脱节的问题，也要鼓励各地进行组织和制度创新，利用股份制、农民合作社和农业协会等形式让农民自己组织起来做好农田基础设施的管理维护工作。

二 完善土地流转制度，促进农业适度规模经营

本书的实证研究结果说明，经营面积在 60 亩～110 亩的农户具备较高的农业生产效率，能够充分发挥家庭成员的劳动生产能力和经营管理能力，也能取得与外出打工大致相当的收入水平，是当前农业生产的最优经营规模。因此，要采取措施鼓励农户流转土地，促进农业的适度规模经营。

（一）明晰土地产权，实行"三权分置"。建立起权责清晰、流转顺畅的农村土地现代产权制度，是当前农村土地经营权有序流转的前提条件之一。20 世纪 80 年代我国实施的家庭联产承包责任制土地制度的改革，在保留土地集体所有制的条件下，将土地承包经营权赋予了农民，"土地所有权"与"土地承包经营权"两权分离的产权制度极大地调动了农民的生产积极性和主动性，我国的农业生产取得了跨越式发展的巨大成绩。然而，随着我国工业化、城镇化的快速推进和农村劳动力的大规模转移，青壮年劳动力离农业、农村越来越远，然而由于土地退出机制不完善，他们不愿意放弃土地，于是留守农村的老年人和妇女已经成为农业生产的主力军，农业经营主体的兼业化、低质化趋势愈发严重，严重影响了中国农业的竞争力。因此，中国的土地制度正面临着再次改革的关

口，改革的重点任务是盘活土地资源，促进土地承包经营权的有序流转。"三权分置"的基本思想是在确保土地仍旧归集体所有的情况下，将土地的承包权与经营权相互剥离，继续稳定农户的土地承包权，放活土地经营权，农户既可以自己保留经营权，也可以将经营权转让他人。在"三权分置"的框架下，能够保护农户的土地承包权，使农户安心流转土地从事非农产业，能够使农户凭借经营权流转取得财产性收入，优化土地资源的配置，实现土地规模流转。同时，要积极探索能够有效保障农民利益的土地承包经营权退出制度，尤其是农民工进城落户后依法处置承包地的有效形式。

（二）完善土地流转服务体系。近些年来，我国已经在如何促进农村土地流转方面进行了许多有益的探索，获得了丰富的成功经验，也涌现出了类似浙江的土地股份合作社、成都的还权赋能之类的典型案例，各省市县区也基本建立健全了农村土地流转服务中心，统筹发布土地流转供求信息，为土地流转搭建了便捷的沟通和交易平台，但是农村土地流转服务中心的功能相对不健全，法律咨询、纠纷调处和价格协调机制等服务体系尚有待于进一步探索，以降低土地流转的成本和风险，提高土地流转的效率。

（三）出台优惠政策鼓励土地流转。要总结浙江、成都等地土地流转的先进经验，安排财政专项补助资金支持农村土地流转，对具有稳定的土地流转关系、土地流转期限在3年以上、单宗土地流转面积达到50亩以上而不高于200亩的土地流出方，给予每亩每年一定金额的奖励。

三 大力发展农业生产性服务业，提升农业综合效益

（一）大力发展规模化农业生产性服务业。为了解决"谁来种地""如何种地"等关乎中国农业未来前途的问题，中国农业经营制度正在沿着两个不同的发展路径进行演化。一是农业经营规模化。农业经营规模化的路径是通过土地流转的方式将经营权从土地的产权束中分离出来，即土地的承包经营者将土地的经营权转让给

他人，从而实现了土地所有权、承包权和经营权的三权分置，在此基础上例如专业大户、家庭农场、农民合作社和农业企业等新型农业规模经营主体便应运而生，他们已经成为中国现代农业发展、保障国家粮食安全和主要农产品有效供给的重要主体。二是农业服务规模化。农业服务规模化的路径是在土地的所有权、承包权和经营权不发生改变的情况下，供销社、邮政储蓄等农业服务主体主要通过土地"半托管"或者"全托管"为切入点为农民提供规模性服务。本文将以山东省供销合作社为例探讨农业生产性规模化服务供给模式。

1. 以土地托管为切入点，实现农业规模化服务。山东省供销社系统秉承"农民外出打工、供销社给农民打工"的新型理念，以土地托管为抓手积极推进农业服务规模化，有效地破解了"谁来种地""如何种地"等难题，探索出了新形势下以服务规模化来实现农业现代化的崭新路径。从实践中看，山东省供销社主要采用了两种土地托管模式：一是土地全托管模式，又称"保姆式"托管，农户把自己的土地全权托管给供销社，供销社为农户提供从产前到产中、产后，耕、种、管、收、加、储、售等在内所有生产经营环节的土地托管服务，供销社收取一定的托管费用，土地上的产出仍归农户所有。二是土地半托管模式，又称"菜单式"托管，供销社为农户提供耕、种、管、收、加、储、售中某个或者某些农业生产环节中的服务，按照实际作业项目收取服务费用。截至2017年3月底，山东省供销社土地托管面积已经达到2107万亩，其中全托管面积约256万亩。

2. 以为农服务中心为依托打造土地托管服务圈。按照布局合理、规模适度、半径适宜、功能完备的原则，山东省供销社系统以县级农业服务公司为主体，与乡镇农民合作社联合社合作建设为农服务中心，打造土地托管服务圈，为周边农户提供土地整理、测土配方和智能配肥、统防统治、农机作业、农机推广、烘干贮藏或冷藏加工、动植物疫病防控、技能培训、农产品销售等服务。在交通条件较好的平原和丘陵地区，以粮食等大田作物托管服务为主，为农服务中心服务半径3公里，辐射面积3万~5万亩，形成"3公里土地托管服务圈"；在交通条件较差的山区，以林果等经济作物为主，以山体自然形成的小流域为基本单元，为农服务中心服务半径约为6公里，辐射面积10万亩左右。① 如淄博市临淄区供销社投资480万元建设了一万平方米的为农服务中心，共有20多个为农服务小队，30多个村级为农服务站，为农户提供飞防服务、农资配送、测土配方、信用合作、技术培训等诸多服务项目，2016年1月~9月份实施机防作业面积达38.5万亩，销售农资4.5万吨，购销果蔬7.6万吨，辐射带动农户8万余户，全面提升了淄川区的农业现代化和社会化服务水平。② 截至2017年3月底，山东省供销社系统已经建成和在建类似的为农服务中心1012处。

3. 规模化服务供给模式的成效及展望。土地托管之所以能够在山东省乃至全国范围内得到大面积推行，原因在于以下几点：一是农户仍然是土地的主管，与土地流转改变农民的土地财产权利相比，土地托管后其承包权经营权仍在保留在农民手中，农业生产主要经营决策权仍然掌握在农户手中。土地托管为农户提供了一条土地流转之外可供选择的土地经营模式，而且农户无须担心未来土地的财产权利问题。二是土地托管为农户提供一种成本较低、收益较高、易于接受的方式，是一条适用性强、可复制、可借鉴、可推广的"山东方案"。三是供销社不断创新土地托管服务模式，着力推进"两个延伸"，即：服务对象由农民合作社、农业龙头企业、种粮大户、家庭农场等适度规模经营主体向分散经营农户延伸，服务领域由大田粮食作物向山区、丘陵经济作物延伸。③ 四是规模化服务能力强。供销社通过实施测土配方智能施肥、推广应用良种良

---

① 罗伯特：《山东供销社为农服务新实践》，《农民日报》2017年03月15日。
② 《淄博市供销社扎实推进为农服务中心建设》2016年12月08日。
③ 山东供销社：《省供销社以"六大创新提升工程"升级版为抓手加快试点经验推广》，山东合作经济信息网，2017年08月14日。

法、机械化耕种作业、统一飞防作业、土壤改良工程、烘干贮藏服务、建设信息云平台等措施，推进服务规模化，努力实现"两个提升"，即服务手段由机械化服务向全产业链科技进步提升，服务方式由农业生产服务向推动一二三产业融合发展、推进农业"新六产"提升，全面放大服务规模化效应。目前，山东省供销社系统已经配备土壤检测设备 973 台（套）、智能配肥设备 621 台、植保飞机 547 架，2016 年完成测土面积 2057 万亩、配肥面积 1923 万亩、飞防面积 2342 万亩；购置各类大中型农业机械 9800 台（套），整合社会农业机械 5 万余台（套），新上烘干机 275 组，粮食日烘干能力 3 万吨，仓储能力已达到 146 万吨。[①]

（二）创新政府农业补贴方式，积极开展政府购买农业生产性服务。随着我国"工业反哺农业、城市支持农村"重大发展战略的有效推进，国家财政支农的力度也越来越大，2013 年中央财政预算了 13799 亿元用于支持三农发展，是 2003 年的 2144 亿元的 6.43 倍，其中粮食直补、良种补贴、农资综合补贴、农机购置补贴四项补贴超过 1700 亿元。[②] 然而，在本书的研究结论中却发现，我国政府的农业补贴政策并没有对农户的生产效率产生正向的激励作用，而且许多学者也得出了类似的研究结论，如蒋和平、吴桢培（2009）利用 2004 年～2008 年湖南省汨罗市农户的资料分析了粮食补贴政策的绩效，他们得出结论认为，普惠制的粮食补贴政策无法充分调动农户粮食生产的积极性；钟春平、陈三攀（2013）等利用安徽省安庆市岳西县 233 个农户的数据资料实证分析了算粮食补贴的政策效应，他们的研究结论发现，粮食补贴的农业生产激励不足，没有显著提升农业生产技术效率。中央政府也意识到农业补贴的目标出现了一定程度的偏差，于 2015 年 5 月对农业补贴政策作出重大调整，出台了《关于调整完善农业三项补贴政策的指导

[①] 罗伯特：《山东供销社为农服务新实践》，《农民日报》2017 年 03 月 15 日。
[②] 韩洁：《2014 年国家财政支农新思路》，《新华网》2014 年 3 月 5 日。

意见》，试点将"粮食直补、农资综合补贴和良种补贴"合并为"农业支持保护补贴"，提取20%的农资综合补贴重点支持粮食适度规模经营。在当前我国粮食生产"三量齐增"和农业补贴不足以弥补快速增长的农业生产成本的条件下，普惠式的直接给农民现金仍旧改变不了农业补贴的低效率，即资金补贴给了将土地承包出去、已经不再继续种地的农户，而那些实际从事农业生产经营、为国家粮食安全做出重大贡献的农户却享受不到政府的农业补贴。

因此，必须调整农业补贴政策的整体思路、创新农业补贴方式，逐步将现金补贴转换为政府购买农业生产性服务补贴，将补贴资金发放给拥有"土地经营权"的农业生产者而不是普惠制的发放给拥有"土地承包权"的农民，将资金用于真正的农业生产中去，降低农业经营者的生产成本。要想顺利地实施政府购买农业生产性服务，必须重点解决以下几个问题：一是明确界定政府购买农业生产性服务的内容，政府不可能购买所有的农业生产环节，必须重点选取部分具有公益性、环保生态的生产环节，以符合世界贸易组织的"绿箱"政策为主；二是制定农业服务主体参与政府购买农业生产性服务的资质标准，引导不同类型的农业服务主体积极参与政府采购对的竞标；三是制定政府购买农业生产性服务的服务标准，及时有效的解决农业生产性服务中的争议纠纷，确保农业生产者可以享受到高质量的农业生产性服务；四是科学合理的制定政府购买农业生产性服务的成本分摊机制，这既涉及到不同级别政府之间的成本分摊问题，也涉及到政府与农业生产者的成本分摊问题。

四 深入推进农业科技创新体系，促进现代农业产业技术体系升级

科学技术是第一生产力，发展现代农业的根本出路也在科技进步。十一五以来，我国积极推进农业科技创新与推广体系，取得了较为丰硕的成绩。但是，从总体上讲，与当前现代农业发展的要求相比，我国农业科技创新体系仍不完善，与发达国家相比仍有较大

差距，需要继续加强政府农业科技投入力度，深入推进农业科技创新与推广体系。

一是大力实施农业科技创新工程。纵观美国等发达国家农业科技创新的实践，可以将农业科技创新分为两个主要的管理模式：(1) 美国以市场为导向公益性和盈利性相结合的多层次型的农业科技创新模式；(2) 荷兰、以色列等以政府为主导全国性统一管理的农业科技创新模式。我国要充分借鉴这两种模式的经验，一方面要搭建包括省、市、县三级的较完整的公益性农业科研创新体系。要加大农业科技财政投入力度，全面整合农业科技资源，培育农业科技领军人才和使用任用，以国家级农业科技创新平台为依托，以现代农业产业技术体系创新团队建设为核心，重点开展基础性、关键性、前沿性农业科技创新研究，引领支撑现代农业发展。另一方面，要积极引导农业产业化龙头企业参与农业科技创新。许多农业产业化龙头企业创建农业科技研发中心，不断开展自主创新和引进消化再吸收，企业科技创新能力显著增强，已经成为我国农业科技创新的重要载体，在推动整个农业科技进程过程中发挥十分重要的作用。要通过增加规模以上龙头企业农业科技创新财政补贴、联合企业开展农业科技创新研发和政府采购重大农业科技创新成果等方式提高企业科技创新能力，促进农业龙头企业成为农业科技创新的主体，加快建立以农业龙头企业为主体、市场为导向的农业技术创新体系。

二是大力实施农业科技成果转化应用工程。(1) 继续完善农业科技特派员制度。以农业科技特派员为核心的新型农村科技推广体系在我国已经取得十分良好的效果，长期以来困扰农业科技推广的人员素质不高、保障条件不足等问题得到较大缓解。要建立和完善激励保障机制，建立农业科技特派员制度的长效机制。要设立农业科技特派员工作专项经费，落实和提高农业科技特派员的福利待遇，为农业科技特派员的正常开展工作提供良好的外部条件。(2) 要推广江苏、浙江等省份农业科技成果转化的经验，尽快出台

《农业科技成果转化推广奖励办法》，对在农业科技推广方面做出贡献突出的单位和个人要进行表彰和奖励。

五 积极发展农民土地股份合作社，实现农业适度规模经营

农民合作经济组织百余年的发展历史已经证明，作为在农村家庭承包经营基础上的一种制度创新，农民合作经济组织是农户自愿联合形成以优化其成员经济利益为目的的现代农业经营组织，是有助于改变农业的弱质产业属性、规避农业经营风险、对抗强势的垄断工商资本、实现小农户与大市场的对接、降低市场交易费用的有效制度安排，也是为农业经营主体提供社会化服务的重要载体。从理论上讲，农户加入农民合作经济组织可以降低农业生产成本，提高农业生产效率，然而在本书的实证研究中，"农户是否加入农民合作经济组织"变量对农业生产效率的影响并不显著，究其背后的原因在于农民合作经济组织只是虚有其表，"空壳合作社"大行其道，并不能真正的发挥出应有的功能。因此，下一步农民组织化的重点在于如何促进农户真正的融入农民合作经济组织，切实的发挥农民合作经济组织的带动示范作用，使农民合作经济组织从粗放型的数量发展阶段向集约型的质量发展阶段转变。

与附加值和经济效益较高的非粮食类农民合作经济组织不同，粮食类农民合作经济组织大多附加值较低，数量比较少，除了一小部分农机合作社以外，运行效果较好的大部分是农民土地股份合作社。如山东省肥城安庄镇蔡家颜子村村委会引导该村村民于2013年底以土地、资金入股的方式成立了地龙农机合作社，流转了土地1060亩（其中本村为870亩），托管土地1800亩，拥有大型拖拉机、大型联合收割机、植保、精播、深耕深松机、烘干机等70多台套机械，可以为农业生产提供产前、产中、产后一条龙式的粮食生产机械化服务。与一家一户的小规模生产相比，土地股份合作社可以实现生产要素的集约化使用，通过土地整理去田埂，可增加14%~20%的土地面积，节约60%以上的灌溉用水，可以以较为

便宜的价格采购农业生产资料，每亩产量可以增加 50 公斤左右，既达到了节本又达到了增产的目的。即使在 2015 年粮食价格下降的大形势下，合作社也实现了 80 万元的利润，仅比 2014 年少 16 万元，抗击市场价格波动的能力明显较强，实现了粮食增产、农业增效、农民增收的多重目标。① 地龙农机合作社准备下一步发展的方向是利用生产优质粮食的优势，购买深海石石磨，加工高品质的面粉、面条、面包等品牌系列产品，进入超市或直接通过电商网络进入消费者家庭。通过发展类似的社区性土地股份合作社，既可以提供粮食生产的产前、产中、产后服务，使一二三产业得到了高度的融合，粮食产业整个链条所产生的利润，大部分留在了农村，通过合作社的一二次分配，流向了农民，共同的积累，用于农业生产和农村社会的发展；既提高了农民合作经济组织的发展质量，改善了农民的生存状态，也促进了农业的适度规模经营，改善了农业的生产效率，所谓粮食价格倒挂的危机，也就在这种技术进步和产业组织创新中，自然而然的得到了缓解。

六　加快推动农业发展方式转型升级，促进农业可持续发展

当前我国正处于传统农业向现代农业跨越的关键时期，必须以现代的发展理念来引领农业转型升级，以现代农业园区作为现代农业发展的重要载体，以品牌和经营提升产品档次，以生态农业来促进农业可持续发展。

一是农业园区化。现代农业园区的主要特点是发展理念超前、高新技术密集、先进装备齐全、功能综合全面，是实现高效利用土地、资金、科技、人才等资源要素、做大做强农业优势产业的重要载体和主要抓手。我国要牢牢抓住这一重要载体，快速实现传统农业向现代农业的跨越。（1）要尽早出台《关于加快推进现代农

---

① 该案例来源自于 2015 年 11 月 15 日笔者与山东社会科学院农村发展研究所许锦英研究员在山东省肥城市的调研考察。

园区建设的意见》，指导全国农业现代园区的快速发展。（2）各级财政要统筹安排相关建设资金，加大对现代农业园区基础设施建设、科技投入、土地流转集约利用等的政策扶持力度。（3）制定好现代农业园区建设的中、长期发展规划，明确园区发发展的主导产业，集中打造一批规划科学、功能健全、具有较高科技含量、基础设施装备完备、运行管理规范、辐射带动能力强的省级现代农业示范园区。

二是实施农业品牌化战略。农产品品牌是农产品的一种身份标志、精神象征和价值理念，是区别于同类竞争品牌的重要标志，是提高农产品附加值的重要途径。如山东省作为农业生产大省，拥有一批具有明显地域优势和特色的农产品品牌，如鲁花、烟台苹果、莱阳梨、章丘大葱、潍坊萝卜、沾化冬枣等等。农产品品牌化战略是一项系统工程，需要政府运用多种资源管理和支撑农业品牌化。（1）要强化农产品质量意识。品牌之争很重要的一点是产品的质量之争，没有过硬的农产品质量就没有过硬的农产品品牌，因此必须加大科技投入力度，依靠高新技术开发新产品，大力发展名、优、新、特、稀农产品，着力打造"一村一品""一乡一业"，以品牌化经营提升产品档次。同时，要加快无公害农产品、绿色食品、有机产品和HACCP等第三方认证的进度，实现农产品品质的飞跃。（2）重视农产品品牌宣传工作。在当今"眼球经济"时代，酒香也怕巷子深，政府应该利用电视、报纸、网络等媒体以及展销会、博览会、招商会和公共关系等多种手段进行农产品品牌的宣传，以提高农产品品牌的认知度和美誉度。（3）要加大对农产品品牌的保护力度。当前，农产品品牌侵权事件愈演愈烈。以山东沾化冬枣为例，往往是真正的沾化冬枣还没有到达采摘季节，但是假的沾化冬枣已经在满大街叫卖。因此，针对这种现象，必须建立品牌农产品打假维权机制，积极探索品牌农产品保护的长效机制，为发展现代品牌农业营造良好的市场环境。

三是大力发展生态农业。生态农业是指："按照生态学原理和经济学原理，运用现代科学技术成果和现代管理手段，以及传统农业的有效经验建立起来的，能获得较高的经济效益、生态效益和社会效益的现代化农业"。发展生态农业是实现农业经济、生态、社会三大效益的统一和保持农业可持续发展的重要途径。美国、日本、欧盟等发达国家和地区高度重视农业发展的生态化，在实施农业生态环境补贴力度方面远远超过大部分发展中国家，如美国政府在2002—2007年短短5年的时间里农业生态环境补贴总额就达到了惊人的220亿美元，2003年欧盟出台了农业生态环境的最低标准指标体系，制定了确保农业生态环境标准指标体系实施的激励机制，明确规定农民获得农业生态补贴的数量将与其对环境的投入呈正相关关系。因此，我国必须高度重视生态农业关键技术的开发、示范和推广工作，引导农民使用低毒性的生物农药和使用机械方式除草以替代使用高毒性的化学农药和使用化学方法除草、以土家肥等有机肥料替代无机化肥来改善土壤日益板结化和部分金属元素超标的局面，加大对农民建设沼气池、秸秆还田、测土配方施肥的财政补贴力度。

七 以培育现代农业生产经营者为重点，为农业发展提供良好的人力支撑

美国著名经济学家、人力资本理论的创始人西奥多·W·舒尔茨（Theodore W. Schultz）在1964年出版的经典著作《改造传统农业》一书中指出，传统农业已经达到了资源配置的最优均衡状态，但是这种最优均衡状态是基于传统农业生产要素的均衡，难以促进农业经济的发展，传统农业只是处于一种"低水平"的最优配置均衡状态；要想打破这种低水平的均衡状态，实现传统农业向现代农业的转变，必须给传统农业注入新的生产要素，而作为农业新的生产要素的核心人力资本是农业经济发展的主要源泉，因此必须加大对传统农民的人力资本投资力度，提高他们的科学文化素质和农业科技知识水平，提高他们运用和管理现代农业生产要素的能力。

在舒尔茨人力资本理论的基础上，20世纪80年代，罗默、卢卡斯等人以"新经济增长理论"深入研究了人力资本推动经济增长的内在机理，他们认为，人力资本具有溢出效应，能够推动技术进步从而提高资本收益率，加速经济增长；教育能够形成人力资本培育的规模效应，是人力资本培育的最佳途径。[①] 然而，在本书的实证分析中，农户户主"是否接受过培训"变量对农业生产效率的影响并不显著，其根本原因在于培训往往流于形式，重数量轻质量，农民并没有从培训中获得实质性的内容。因此，下一步农民培训的重点是强调培训内容的实用性和培训的重点人群。

（一）完善政府对农民培训的支持政策。构建以政府投入为主、多元化、多层次、内容丰富的农民培育体系，充分调动社会各方面培训农民的积极性，发挥我国农业大学等农业院校、农广校、职业技工学校、农技推广机构、星火培训基地等各类培训资源的作用。整合优势培训资源，加强师资库建设，做到有针对性和有效性的农民培训，要做到"真正的授之以渔，而非授之以鱼"，强调培训要结合与农民的需求，要结合于农时季节，要与农业重点项目相结合，及时帮助他们解决生产中遇到的各种问题。

（二）要以培育新型职业农民为重点。新型职业农民是从事农业生产、经营或服务工作、以农业作为主要收入来源、具备较高科学文化素质和一定的经营管理能力的农民，职业农民是我国现代农业发展的主力军和领头羊，他们的农业生产经营行为对周边农户具有较强的示范作用和带动能力。在新型职业农民的培育中，要积极开展针对专业种养大户、家庭农场主、农民合作社负责人、农产品加工户、农业经纪人、农业服务组织骨干等人员的培训，重点要培养他们的生产技能、经营管理、技术服务和市场营销等才能。同时，要建立职业农民资格制度，只有参加相关培训获得合格证书的

[①] Lucas, Robert E. Jr. On the Mechanics of Economic Development. *Journal of Monetary Economics*, 1988.

人员才能成为职业农民,农业补贴和金融扶植要向职业农民倾斜。面对农村精英人才日益匮乏的趋势,要采取激励政策鼓励返乡农民工、城市下岗职工和大中专毕业生到农村发展创业,成为掌握现代农业科学技术和经营管理的职业农民。

(三) 重点加强对土地股份合作社骨干人员的培训

孔祥智、黄祖辉、张晓山等学者的研究发现,具有良好人力资本的农民合作社骨干人员能够有效率的集聚农业生产要素,并且通过引发挥领带动作用克服集体组织成员的搭便车行为,有助于突破农民合作社的集体行动困境,从而推动农民合作社的成立和发展。在当前我国大力实施乡村振兴战略的背景下,农民土地股份合作社正处于蓬勃快速发展阶段,也对农民土地股份合作社骨干人员的经营管理能力提出了更高的要求:不但要求他们具备丰富的农业生产经营管理经验,而且要求他们能够利用现代技术手段及时准确的获取农业生产经营管理信息,从整体上把握农产品、农业生产资料等市场的发展趋势,从而快速有效的调整农业生产经营策略。但是,从当前我国省农民土地股份合作社的发展实践来看,合作社骨干人员多大为村两委会成员、农业种养大户、农产品经销商等等,他们面临着整体上文化程度不高、农业经营管理科技水平较低、农业有效信息获取能力较差、缺乏社会网络资本、市场开拓能力驾驭能力都较弱、缺乏合适的二代接班人等等难题,已经难以适应土地股份合作社向更高阶段、更高层次发展的迫切需求。

在中共中央、国务院制定的《乡村振兴战略规划(2018—2022年)》中,明确指出:"要强化乡村振兴的人才支撑,把人力资本开发放在首要位置。"要以我国乡村人才振兴为契机,构建良好的人力资本提升机制,加强对农民土地股份合作社的人才培育力度。

从国际经验看,德国、荷兰、韩国、印度等国均建立了不同等级的合作社培训机构,形成了覆盖所有农民合作社的不同等级的人才培养体系;美国则针对当前农民合作社发展所面临的关键性核心问题，开展了个性化、差异化的教育培训，重点解决农民合作社发展最迫切的需求，切实提高农民合作社骨干力量解决现实问题的能力。借鉴国外先进经验，山东省要按照合作社骨干人员的类型、文化层次、管理水平等因素进行科学分类，分类型、分层次、多形式、多渠道的进行培训，将短期课堂培训、现场指导与长期远程培训有效结合起来，确保培训能够满足合作社骨干人员的实际需求，避免重复培训和无效培训。重点要注重合作社骨干人员的企业家精神培育，切实加强他们的生产经营管理水平、创新创业精神、独立思考能力和市场风险意识，营造培育合作社骨干人员企业家精神的教育环境氛围。要建立健全培训机构的科学考核评价体系，通过跟踪调研、闭卷考考、学员打分等方式评价培训机构，对培训给出公正合理的评估，同时制定合作社骨干人员培训质量评估办法，全力提升他们的综合业务素质和经营管理能力。

农民土地股份合作社骨干人员的企业家精神属于合作社的异质人力资本，是保障合作社稳定、健康、可持续发展的关键因素，因此必须合理确定合作社骨干人员的薪酬体系，使其在一定程度上反映出合作社骨干人员的辛苦付出，但是总体上应把握以奖励补贴为主、基本工资为辅的原则，以全面调动合作社骨干人员的积极性、主动性和创造性。

从当前美国的新一代合作社发展情况看，合作社的人力资本结构正趋于复杂化，从人才市场上聘请高层次、具有企业家精神的职业经理人进行专业化的经营管理，已经成为其发展的主流趋势。在农民土地股份合作社下一步发展工作中，要制定激励政策机制，注重引进一批农民企业家、返乡创业农民工、企业管理人员、优秀大学毕业生等群体积极参与合作社的经营管理，切实提高土地股份合作社的整体素质。

参考文献

一 外文部分

1. Ali, D. A., Deininger, K. (2013). Is There a Farm-size Productivity Relationship in African Agriculture? Evidence from Rural Rwanda. World Bank Policy Research Working Paper No. 6770.

2. Barbier, P. (1984). Inverse Relationship between Farm Size and Land Productivity: A Product of Science or Imagination? Economic and Political Weekly Vol. 19, No. 51/52 (Dec. 22 – 29, 1984), pp. A189 – A191 + A193 – A198.

3. Bardhan, R and Udry, C: Development Microeconomics, New York: Oxford University Press, 1999.

4. Barrett, B. C., Bellemare, M. F., Hou, J. Y. (2010) Reconsidering Conventional Explanations of the Inverse Productivity – Size Relationship. World Development Vol. 38, No. 1, pp. 88 – 97, 2010.

5. Carter, M. R. (1984). Identification of the Inverse Relationship between Farm Size and Productivity: An Empirical Analysis of Peasant Agricultural Production. Oxford Economic Papers, 36, 131 – 145.

6. Dyer, G. (1997). Class, State and Agricultural Productivity in Egypt: Study of the Inverse Relationship between Farm Size and Land Productivity, London: Frank Cass.

7. E. C. Mamatzakis: Public Infrastructure and Productivity Growth in Greek Agriculture, Agricultural Economics, 29 (2003) 169 – 180。

8. Heltberg, R. (1998). Rural Market Imperfections and the Farm Size—productivity Relationship: Evidence from Pakistan, World Development, Volume 26, Issue 10, October 1998, Pages 1807 – 1826.

9. James C. Scott. The Moral Economy of the Peasant: Rebellion and Subsistence in Southeast Asia [M]. New Haven: Yale University Press, 1976。

10. Leibenstein Harvey. 1966. "Allocative Efficiency VS. 'X—Efficiency'." American Economic Review, Vol. 56, PP. 392 – 415.

11. Lodhi, A. H. (2001). Vietnam's Agriculture: Is There an Inverse Relationship? Working Paper, Series No. 348.

12. Rios, A. R., & Shively, G. E. (2005). Farm Size and Non-parametric Efficiency Measurements for Coffee Farms in Vietnam. In Paper presented at the American agricultural economics association annual meeting, Providence, RI.

13. Sen, A. K. (1966). Peasants and Dualism with or without Surplus Labor, The Journal of Political Economy, No 5, October1 966.

14. Sial, M. H. Iqbal, S. & Sheikh, A. D. (2012). "Farm Size—productivity" Relationship: Recent Evidence from Central Punjab. Pakistan Economic and Social Review Volume 50, No. 2 (Winter 2012), pp. 139 – 162.

15. World Bank, "Kenya: Growth and Structural Change", Basic Economic Report, Africa Region (1983).

二 中文部分

1. [俄] A. 恰亚诺夫:《农民经济组织》, 萧正洪译, 中央编译出版社 1996 年版。

2. L·道欧：《农场组织》，载于 L·道欧、J·鲍雅朴（主编）：《荷兰农业的勃兴——农业发展的背景和前景》，厉为民、檀学文等译，中国农业科学技术出版社 2003 年版。

3. ［美］阿林·杨格：《报酬递增与经济进步》，贾根良译，《经济社会体制比较》1996 年第 2 期，第 52~57 页。

4. ［美］奥尔森：《集体行动的逻辑》，陈郁等译，上海人民出版社 1995 年版。

5. ［美］奥利弗·哈特：《不完全合同、产权及企业理论》，费芳域译，格致出版社 2011 年版。

6. 白伊曼：《合作社》，载于 L·道欧、J·鲍雅朴（主编）：《荷兰农业的勃兴——农业发展的背景和前景》，厉为民、檀学文等译，中国农业科学技术出版社 2003 年版。

7. 毕泗锋：《经济效率理论研究述评》，《经济评论》2008 年第 6 期。

8. 蔡昉、李周：《我国农业中规模经济的存在和利用》，《当代经济科学》1990 年第 2 期。

9. 蔡银寅：《农地规模与经济效率：地权和交易成本约束下的农业生产及农民的选择》，《制度经济学研究》2007 年第 2 期。

10. 陈洁，刘锐，张建伦：《安徽省种粮大户调查报告——基于怀宁县、枞阳县的调查》，《中国农村观察》2009 年第 4 期。

11. 陈锡文、陈昱阳、张建军：《中国农村人口老龄化对农业产出影响的量化研究》，《中国人口科学》2011 年第 2 期。

12. 陈锡文：《构建新型农业经营体系刻不容缓》，《求是》2013 年第 22 期。

13. 陈锡文：《粮食安全面临三大挑战》，《中国经济报告》2014 年第 2 期。

14. 陈欣欣，史清华，蒋伟峰：《不同经营规模农地效益的比较及其演变趋势分析》，《农业经济问题》2000 年第 12 期，第 6~

9 页。

15. 成刚：《数据包络分析方法与 MaxDEA 软件》，知识产权出版社 2014 年版。

16. 程国强：《中国需要新粮食安全观》，《中国财政报》2015 年 6 月 2 日。

17. 道格拉斯·诺斯、罗伯斯·托马斯：《西方世界的兴起》，厉以平、蔡磊译，华夏出版社 2009 年版。

18. 邓大才：《产权与利益：集体经济有效实现形式的经济基础》，《山东社会科学》2014 年第 12 期。

19. 杜志雄、王新志：《中国农业基本经营制度变革的理论思考》，《理论探讨》2013 年第 3 期，第 72 页~75 页。

20. 杜志雄、肖卫东：《家庭农场发展的实际状态与政策支持：观照国际经验》，《改革》2014 年第 6 期。

21. 范碧霞、宋秀芬：《农业生产效率 DEA 研究文献综述》，《安徽农业科学》2013 年第 13 期。

22. 高鸿业：《西方经济学》，中国人民大学出版社 2011 年版。

23. 高强、刘同山、孔祥智：《家庭农场的制度解析：特征、发生机制与效应》，《经济学家》2013 年第 6 期。

24. 郭军华、倪明、李帮义：《基于三阶段 DEA 模型的农业生产效率研究》《数量经济技术经济研究》2010 年第 12 期，第 27~38 页。

25. 郭庆海：《土地适度规模经营尺度：效率抑或收入》，《农业经济问题》2014 年第 7 期。

26. 韩俊：《土地政策：从小规模的均田制走向适度的规模经营》，《调研世界》1998 年第 5 期。

27. 韩苗苗、乐永海、孙剑：《我国农业社会化服务服务水平测评与制约因素解构》，《统计与决策》2013 年第 3 期。

28. 何秀荣：《公司农场：中国农业微观组织的未来选择》，《中国农村经济》2009 年第 11 期。

29. 贺雪峰：《当下中国亟待培育新中农》，《人民论坛》2014年第2期。

30. 贺雪峰：《"小农经济"与农业现代化的路径选择》，《政治经济学评论》2015年第2期，第45~65页。

31. 洪仁彪，张忠明：《农民职业化的国际经验与启示》，《农业经济问题》2013年第5期。

32. 胡初枝、黄贤金：《农户土地经营规模对农业生产绩效的影响分析》，农业技术经济2007年第6期。

33. 黄季焜、马恒运：《差在经营规模上——中国主要农产品生产成本国际比较》，《国际贸易》2000年第4期。

34. ［美］黄宗智：《长江三角洲小农家庭与乡村发展》，中华书局2000年版。

35. ［美］黄宗智：《华北的小农经济与社会变迁》，中华书局2000年版。

36. 黄延廷：《农地规模经营中的适度性探讨——兼谈我国农地适度规模经营的路径选择》，《求实》2011年第8期。

37. 黄延廷：《现阶段我国农地规模化经营的最优模式：家庭农场经营——兼谈发展家庭农场经营的对策》，《理论学刊》2013年第10期。

38. 黄映晖、戎承法、张正河：《DEA法在小麦生产效率衡量中的应用》，《农业技术经济》2004年第5期。

39. 黄宗智：《"家庭农场"是中国农业的发展出路吗？》，《开放时代》2014年第2期。

40. 黄宗智：《制度化了的"半工半耕"过密型农业》，《凤凰网》2009年7月13日。

41. 黄祖辉、陈欣欣：《农户粮田规模经营效率：实证分析与若干结论》，《农业经济问题》1998年第11期。

42. 黄祖辉、顾益康、郭红东：《我国农业产业化经营机制要创新——发挥农户经营、合作经营、公司经营三大制度优势》，

《农村经营管理》2012 年第 8 期。

43. 加里·贝克尔：《家庭论》，王献生、王宇译，商务印书馆 2005 年版。

44. 姜长云，郭志芳：《新型经营体系与中国农业的未来——对美国公司农场最新发展的思考》，《人民论坛》2014 年第 15 期。

45. 姜天龙：《吉林省农户粮作经营行为和效率的实证研究》，吉林农业大学博士论文，2012 年。

46. 蒋和平、吴桢培：《湖南省汨罗市实施粮食补贴政策的效果评价——基于农户调查资料分析》，《农业技术经济》2009 年第 11 期。

47. 解安：《发达省份欠发达地区土地流转及适度规模经营问题探讨》，《农业经济问题》2002 年第 4 期。

48. 晋洪涛：《家庭经济周期理性：一个农民理性分析框架的构建》，《经济学家》2015 年第 7 期。

49. 亢霞、刘秀梅：《我国粮食生产的技术效率分析——基于随机前沿分析方法》，《中国农村观察》2005 年第 4 期。

50. ［美］科斯：《企业的性质》，陈郁译，百度文库 2012 年版。

51. 孔祥智，徐珍源：《农业社会化服务供求研究——基于供给主体与需求强度的农户数据分析》，《广西社会科学》2010 年第 3 期。

52. 孔祥智、徐珍源、史冰清：《关于构建新型农业社会化服务体系的思考》，《江汉论文》2009 年第 5 期。

53. 乐雅倩：《农地适度规模经营研究———以武汉市江夏区为例》，华中农业大学硕士论文，2012 年。

54. 李功奎、钟甫宁：《农地细碎化、劳动力利用与农民收入——基于江苏省经济欠发达地区的实证研究》，《中国农村经济》2006 年第 4 期。

55. 李谷成、冯中朝、范丽霞：《小农户真的更加具有效率吗？

来自湖北省的经验证据》，《经济学（季刊）》2010年第1期。

56. 李谷成：《中国农业生产率增长的地区差距与收敛性分析》，《产业经济研究》2009年第2期。

57. 李谷成：《转型期中国农业单要素生产率变化及资源利用特征》，《经济问题探索》2009年第5期。

58. 李谷成：《转型视角下的中国农业生产率研究》，科学出版社2010年版。

59. 李谷成：《资本深化、人地比例与中国农业生产率增长——个生产函数分析框架》，《中国农村经济》2015年第1期。

60. 李美娟、陈国宏：《数据包络分析法（DEA）的研究与应用》，《中国工程科学》2003年第6期。

61. 李文明、罗丹、陈洁、谢颜：《农业适度规模经营：规模效益、产出水平与生产成本——基于1552个水稻种植户的调查数据》，《中国农村经济》2015年第3期。

62. 李岳云、蓝海涛、方晓军：《不同经营规模农户经营行为的研究》，《中国农村观察》1999年第4期。

63. 李忠国：《农业适度规模经营实现形式若干问题的思考》，《农村经营管理》2005年第11期。

64. 林善浪：《农村土地规模经营的效率评价》，《当代经济研究》2000年第2期。

65. 刘代银：《粮食适度规模经营的几个关键问题探讨》，《http://www.doc88.com/p-0874648047422.html》2014年7月。

66. 刘凤芹：《农地规模的效率界定》，《财经问题研究》2011年第7期。

67. 刘凤芹：《农业土地规模经营的条件与效果研究》，《管理世界》2006年第9期。

68. 刘昊昕：《基于DEA—Malmquist的浙江省农业生产效率研究》，《区域经济》2011年第6期。

69. 刘茂松：《论家庭功能及其变迁》，《湖南社会科学》2001

年第 2 期。

70. 刘秋香，郑国清，赵理：《农业适度经营规模的定量研究》，《河南农业大学学报》1993 年第 3 期。

71. 卢华、胡浩：《土地细碎化、种植多样化对农业生产利润和效率的影响分析——基于江苏农户的微观调查》，《农业技术经济》2015 年第 7 期。

72. 卢现祥：《新制度经济学》，武汉大学出版社 2004 年版。

73. 鲁可荣，郭海霞：《农户视角下的农业社会化服务需求意向及实际满足度比较》，《浙江农业学报》2013 年第 4 期。

74. 罗必良：《规模农地经营的效率决定》，《中国农村观察》2000 年第 5 期。

75. 罗必良：《新制度经济学》，山西经济出版社 2006 年版。

76. 罗刚平、祝志勇：《重庆市农业生产效率评价———基于 DEA 方法分析》，《重庆邮电大学学报：社会科学版》2009 年第 1 期。

77. 马克思恩格斯选集：第 2 卷，人民出版社 1995 年版。

78. 马林静、王雅鹏、吴娟：《中国粮食生产技术效率的空间非均衡与收敛性分析》，《农业技术经济》2015 年第 4 期。

79. ［英］马歇尔：《经济学原理》，宇琦译，湖南文艺出版社 2012 年版。

80. 闵锐：《湖北省粮食生产效率研究》，华中农业大学博士论文，2012 年。

81. ［英］穆勒：《政治经济学原理》，金镝，金熠译，华夏出版社 2009 年版。

82. 倪国华，蔡昉：《农户究竟需要多大的农地经营规模》，《经济研究》2015 年第 3 期。

83. 农业部经管司、经管总站研究小组：《构建新型农业社会化服务体系初探》，《农业经济问题》2012 年第 4 期。

84. 诺斯：《制度、制度变迁与经济绩效》，杭行译，格致出版社、上海三联书店、上海人民出版社 2008 年版，第 111~113 页。

85. 帕累托：《政治经济学讲义》，高等教育出版社 1954 年版。

86. 戚焦耳、郭贯成、陈永生：《农地流转对农业生产效率的影响研究——基于 DEA-Tobit 模型的分析》，《资源科学》2015 年第 9 期。

87. 钱贵霞，李宁辉：《粮食主产区农户最优生产经营规模分析》，《统计研究》2004 年第 10 期。

88. 钱文荣、张忠明：《农民土地意愿经营规模影响因素实证研究——基于长江中下游区域的调查分析》，《农业经济问题》2007 年第 5 期。

89. 任治君：《中国农业规模经营的制约》，《经济研究》1995 年第 6 期。

90. ［美］萨缪尔森、诺德豪斯：《经济学》，萧琛译，人民邮电出版社 2008 版。

91. "山东省农业生产性服务业转型升级"调研组：《山东省农业生产性服务业调查与思考》，《经济动态与评论》2017 年第 2 期。

92. 邵晓梅：《鲁西北地区农户家庭农地规模经营行为分析》，《中国人口·资源与环境》2004 年第 6 期。

93. 申红芳、陈超、王磊：《世界农业经营规模与农业生产效率研究及其对中国的借鉴》，《农村经济与科技》2013 年第 12 期。

94. 沈涵、吴文庆、赵铮：《农民种粮收益影响因素与土地经营规模研究综述》，《经济学动态》2011 年第 4 期。

95. 石晓平、郎海如：《农地经营规模与农业生产率研究综述》，《南京农业大学学报（社会科学版）》2013 年第 3 期。

96. ［美］舒尔茨：《改造传统农业》，梁小民译，商务印书馆 1987 年版。

97. 苏旭霞、王秀清：《农用地细碎化与农户粮食生产——以山东省莱西市为例的分析》，《中国农村经济》2002 年第 3 期。

98. 孙钰:《公营公共物品的 X 非效率与政府管制改革》,《南开经济研究》2002 年第 3 期。

99. 谭鑫、赵鑫铖:《经济动态效率研究综述》,《云南财经大学学》2011 年第 4 期。

100. 仝志辉:《"去部门化":中国农业社会化服务体系构建的关键》,《探索与争鸣》2016 年第 6 期。

101. 王昉:《农村土地规模经营:目标与评价》,《农业经济》2003 年第 1 期。

102. 王建军、陈培勇、陈风波:《不同土地规模农户经营行为及其经济效益的比较研究———以长江流域稻农调查数据为例》,《调研世界》2012 年第 5 期。

103. 王明利、吕新业:《我国水稻生产率增长、技术进步与效率变化》,《农业技术经济》2006 年第 6 期。

104. 王新志:《家庭农场"一箭五雕"矫正资本下乡潮》,《中国村社发展促进会》2013 年 2 月 25 日。

105. 王新志:《首提"家庭农场"的意义分析》,《大众日报》2013 年 2 月 24 日。

106. 王新志:《新常态下的山东农业》,《齐鲁网》2015 年 2 月 2 日。

107. 王新志:《自有还是雇佣农机服务:家庭农场的两难抉择解析——基于新兴古典经济学的视角》,《理论学刊》2015 年第 2 期。

108. 王玄文、胡瑞法:《农民对农业技术推广组织有偿服务需求分析——以棉花生产为例》,《中国农村经济》2003 年第 4 期。

109. 王玉海:《诺斯适应性效率理论述评——兼评诺斯第二悖论》,《政治经济学评论》2005 年第 8 期。

110. 王志刚、申红芳、廖西元:《农业规模经营:从生产环节外包开始——以水稻为例》,《中国农村经济》2011 年第 9 期。

111. [美]威廉姆森:《资本主义经济制度》,段毅才、王伟译,商务出版社 2002 年版。

112. 卫新、毛小报、王美清:《浙江省农户土地规模经营实证分析》,《中国农村经济》2003 年第 10 期。

113. 翁贞林、阮华:《新型农业经营主体:多元模式、内在逻辑与区域案例分析》,《华中农业大学学报:社会科学版》2015 年第 5 期。

114. 吴桢培:《农业适度规模经营的理论与实证研究》,中国农业科学院博士论文,2011 年。

115. 肖红波、王济民:《新世纪以来我国粮食综合技术效率和全要素生产率分析》,《农业技术经济》2012 年第 1 期。

116. 肖新艳:《全球价值链呈现"双曲线"特征———"微笑曲线"和"彩虹曲线"》,《国际贸易》2015 年第 8 期。

117. 谢冬水:《农地经营规模与效率研究综述》,《首都经济贸易大学学报》2011 年第 5 期。

118. 谢志祥、任世鑫、李阳、刘静玉:《基于 DEA 模型的江西省农业生产效率研究》,《江西农业学报》2015 年第 10 期。

119. 辛良杰、李秀彬、朱会义:《农户土地规模与生产率的关系及其解释的印证———以吉林省为例》,《地理研究》2009 年第 5 期。

120. 徐勇、邓大才:《社会化小农:解释当今农户的一种视角》,《学术月刊》2006 年第 7 期。

121. 许庆,尹荣梁,章辉:《规模经济、规模报酬与农业适度规模经营》,《经济研究》2011 年第 3 期。

122. 许庆、尹荣梁:《中国农地适度规模经营问题研究综述》,《中国土地科学》2010 年第 4 期。

123. [英]亚当·斯密:《国民财富的性质和原因的研究》,郭大力、王亚南译,商务印书馆 1972 年版。

124. [澳]杨小凯、黄有光:《专业化与经济组织———一种新兴古典微观经济学框架》,张玉纲译,经济科学出版社 1999 年版,第 46 页。

125. 杨国梁、刘文斌、郑海军:《数据包络分析方法 (DEA) 综述》,《系统工程学报》2013 年第 6 期,第 840~860 页。

126. 杨明洪:《农业产业化经营组织形式演进:一种基于内生交易费用的理论解释》,《中国农村经济》2002 年第 10 期。

127. 杨素群:《农业经营适度规模解析》,《唯实》1998 年第 3 期。

128. 杨文进:《论市场机制"不完美"之美——优胜劣汰的动态效率胜过优化配置的静态效率》,《学术月刊》2014 年第 9 期。

129. 杨志海、麦尔旦·吐尔孙、王雅鹏:《农村劳动力老龄化对农业技术效率的影响——基于 CHARLS2011 的实证分析》,《软科学》2014 年第 10 期。

130. 姚增福:《黑龙江省种粮大户经营行为研究》,西北农林科技大学博士论文,2011 年。

131. 苑鹏:《中国特色的农民专业合作社发展探析》,《东岳论丛》2014 年第 7 期。

132. 岳宁:《经济增长动态效率理论述评》,《现代商贸工业》2011 年第 9 期。

133. 曾福生、李飞:《农业基础设施对粮食生产的成本节约效应估算——基于似无相关回归方法》,《中国农村经济》2015 年第 6 期。

134. 张冬平、冯继红:《我国小麦生产效率的 DEA 分析》,《农业技术经济》2005 年第 3 期。

135. 张光辉:《农业规模经营与提高单产并行不悖》,《经济研究》1996 年第 1 期。

136. 张宏宇、张涛、孙秀艳,杨春悦:《农业大县如何发展农业生产性服务业——四川省的调研与思考》,《农村经营管理》2015 年第 10 期。

137. 张瑞芝、钱忠好:《农业适度经营规模初探》,《扬州大学学报（人文社会科学版）》1999 年第 1 期。

138. 张文渊：《当前农村土地适度规模经营探析》，《农业经济》1999 年第 4 期。

139. 张晓峒：《EViews 使用指南与案例》，机械工业出版社 2007 年版。

140. 张越杰、霍灵光、王军：《中国东北地区水稻生产效率的实证分析——以吉林省水稻生产为例》，《中国农村经济》2007 年第 5 期。

141. 张忠根，史清华：《农地生产率变化及不同规模农户农地生产率比较研究》，《中国农村经济》2001 年第 1 期。

142. 张忠明：《农户粮地经营规模效率研究—以吉林省玉米生产为例》，《浙江大学》2008 年。

143. 郑秉文：《"X 非效率"理论评述》，《经济学动态》1993 年第 4 期。

144. 钟春平、陈三攀、徐长生：《结构变迁、要素相对价格及农户行为农业补贴的理论模型与微观经验证据》，《金融研究》2013 年第 5 期。

145. 钟涨宝、聂建亮：《论农地适度规模经营的实现》，《农村经济》2010 年第 5 期。

146. 钟真、孔祥智：《经济新常态下的中国农业政策转型》，《教学与研究》2015 年第 5 期。

147. 周诚：《对我国农业实行土地规模经营的几点看法》，《中国农村观察》1995 年第 1 期。

148. 周华林、李雪松：《Tobit 模型估计方法与应用》，《经济学动态》2012 年第 5 期。

149. 朱海就：《德索托教授和他的动态效率理论》，http://blog.sina.com.cn/s/blog_538dd11b0100v6jb.html，2011 年 5 月 26 日。

150. 朱泽、曹利群：《新常态下农业发展阶段性特征与政策取向》，《学习与研究》2015 年第 5 期。

附录1 农户粮食生产情况调查问卷

一 家庭经营基本情况

户主姓名_____，性别_____年龄_____，受教育程度_____，联系方式_____；地址_____省_____市_____县_____乡（镇）_____村。

家庭人口_____人，家庭务农劳动力_____人；土地总面积_____亩，共____块，其中转入土地面积_____亩，共_____块，土地总租金____元/年，土地转入期限_____年。如果是50亩以上规模农户，规模经营年限为_____年。

家庭2014年纯收入_____元，其中务农收入_____元，打工收入_____元，经商收入_____元，其他收入_____元。

二 农户2014年农业生产情况

小麦_____亩，产量_____斤，销售收入_____元；

玉米或水稻_____亩，产量_____斤，销售收入_____元；

其它_____亩，产量_____斤，销售收入_____元。

三 农户拥有农业机械情况（500元以上与小麦生产有关）

农业机械名称	台数（台）	购买价格（元）	购买时间（年）

四 2014年小麦生产亩均成本核算

项目	成本（单位：元）
亩均种子	
亩均化肥	
亩均农药	
亩均电费	
亩均燃油费	
亩均使用农机社会服务费用	
亩均烘干或者晾晒费用	
亩均雇工	
亩均土地租金	
亩均贷款利息（分摊）	
亩均其它费用	
亩均产量	
亩均销售收入	

其中，小麦生产常年雇工_____人，其工资总额_____元；季节性雇工_____人，其工资总额_____元。

五 其它问题

1. 您所经营土地的地貌特征是_____?

（1）平原；（2）丘陵；（3）山地；（4）其它_____。

2. 您的从业经历是_____?

（1）普通农民；（2）村干部；（3）农机手；（4）个体工商户；（5）进城务工返乡人员；（6）合作社主要负责人；（7）毕业大中专学生；（8）其它_____。

3. 与村中其它农户相比，您耕种的土地质量是_____?

（1）土地质量较好；（2）土地质量一样；（3）土地质量较差。

4. 您平时关注粮食生产的新技术、新品种吗？

（1）关注；（2）不关注

5. 您愿意花更多的钱使用新技术、新品种吗？

（1）不会；（2）等别人使用有效后再使用；（3）愿意花更多的钱使用。

6. 您接受过政府部门或者合作社等部门主办的粮食生产技术培训吗？

（1）接受过；（2）没有接受过。

7. 您是否参加了农民合作社？

（1）否；（2）是，如果是，您参加合作社的目的是_____。

8. 您是否获得了各级政府的补贴？

（1）没有；（2）有，如果有，请注明补贴项目及补贴金额_____。

调查人姓名：_____；电话：

后　记

本书是在我同名博士论文基础上进一步修改而成的。

在博士论文写作的过程中，既有文思枯竭、徘徊犹豫的苦恼，也有文思泉涌、茅塞顿开、灵光一现的快乐。从论文的开题，到数据材料的搜集，再到定稿，许多可爱可敬的师长、同学、同事、朋友给予了大量的支持和帮助，请允许我在此给予他们诚挚的谢意！

首先感谢我的博士生导师杜志雄研究员，杜老师乐观豁达、虚怀若谷、学术渊博、学风严谨、思维敏捷、见解深刻，对农业经济领域的种种现象有着高屋建瓴般的敏锐洞察力，能够深刻把握农业经济问题背后的本质，是他将我一手引入到农业规模经营主体这个研究领域，为我树立了做人、做事、做学问的楷模。在四年的博士学习生涯中，杜老师为我提供了多次实地考察种粮大户、家庭农场等农业规模经营主体和参加高层次学术会议的机会，从中我学习到社会科学的调研方法、研究规范和研究前沿，使我的学术研究能力和理论功底有了较为明显的提高。在博士论文的写作过程中，从研究选题的三易其稿，到研究框架、研究提纲的修正，从论文初稿的修改到论文的最终定稿，杜老师都付出了大量的心血和汗水，提出了许多宝贵的修改意见和有针对性的建议。

感谢我的师兄山东师范大学公共管理学院副教授肖卫东博士，他聪明睿智、学术功底深厚、热心助人，在博士论文的选题、数据资料的搜集、研究方法的选择等方面给予了大量的支持和帮助。

感谢我的同窗好友刘子飞、袁京柱、李峻、张哲、李宪宁、魏珣、孙大伟、程春红、王丹、唐磊等同学在学习和生活中给予的关心和帮助。感谢师妹危薇、刘文霞和陈怡然在博士论文写作过程中提供的支持和帮助。也感谢农村发展系张斌老师四年博士学习中的辛苦工作和给予我的支持和帮助。

感谢我的工作单位山东社会科学院农村发展研究所张清津所长、郭春副所长、许锦英研究员、樊祥成书记、许英梅副书记、吴炜峰博士、赵宇博士和李岩博士对我工作上的支持，对我博士学习和生活上的关心和帮助。

感谢一直支持我的父母、爱人和孩子。父母年迈体弱，在我读博期间仍然无微不至、无怨无悔地替我承担起了照顾儿子和家庭的重担，此种深情令我刻骨铭心，心怀愧疚。感谢我的爱人赵洪茜，感谢她对我至诚至善的支持、信任和理解，使得我可以全身心的投入到学习和科研工作中。感谢我即将九岁的儿子王泉霖，他给我漫长枯燥的论文写作带来了轻松和快乐。

谨以此文献给支持我、指导我、鞭策我、关心我、帮助我的长辈、老师、朋友和亲人。

王新志

2018 年 9 月 21 日